橋本憲一　浜学園学園長

灘中に合格する子は学力のほかに何を持っているのか

ワンランク上の志望校に合格するための能力と習慣

ポプラ社

はじめに

中学受験に挑む、すべての方へ

２００５年春入試から２０２０年春入試まで
16年連続、
灘中合格者数日本一を達成。
２０１９年春、２０２０年春入試で2年連続、
灘中合格者数
１００名突破を達成。

「進学教室 浜学園」は、1959年（昭和34年）に兵庫県尼崎市で「英語・数学塾」という名称で創設されました。その翌年、「浜学園」に改称されます。わずか2名の塾生からスタートした私塾は、現在では累計2901名もの灘中合格者を輩出し、先に記したように、16年連続で灘中合格者数日本一を達成しています。

私は、この浜学園という中学受験に特化した進学塾で学園長を務めています。学園長といっても、現役の算数の講師として、日々子どもたちと真剣に向き合い、授業や進路、教育相談などを行っています。

浜学園は、兵庫に本部の教室を構え、大阪、京都、滋賀、奈良、和歌山、岡山、愛知に各教室を展開する進学塾です（東京、神奈川には「駿台・浜学園」があります。※38ページ参照）。

関西を中心に展開していることもあり、本書を手にとっていただいた読者のなかには、「浜学園」という名をはじめて聞いたという方もいるかと思います。

そういった方でも、我々浜学園の〝合格実績〟を知っていただくと、多くの方は浜学園の、授業のシステム、テストの種類、家庭学習のやり方、ノートのとり方、進路相談など、あらゆる〝受験ノウハウ〟に興味を抱いてくれます。

合格実績と言いましたが、何も浜学園の合格者数がすごい！　とただ自慢したいわけではは、もちろんありません。

ですが、塾の評価軸として合格実績が、中学受験に挑む親子にとって重要なポイントであるのは疑いようのない事実です。

関西を中心とした、いわゆる最難関中に合格する子どもの学力をどのようにアップさせているのか？　偏差値がワンランク上の志望校に合格するために、どんな勉強指導をしているのか？　こうした点は中学受験に関わる方なら、誰もが熱心に話を聞いてくれます。

さて、本書のタイトルは、『灘中に合格する子は学力のほかに何を持っているのか』です。冒頭に記したように、浜学園の最大の特徴として、「灘中受験

浜学園の2020年度
主な合格実績（本書執筆時点）

■ 灘中（兵庫） 102名 16年連続日本一 ※過去最高

■ 甲陽学院中（兵庫） 84名 10年連続日本一

■ 六甲学院中（兵庫） 85名 11年連続日本一

■ 神戸女学院中（兵庫） 45名 32年連続日本一

■ 須磨学園中（兵庫） 159名 5年連続日本一 ※過去最高

■ 大阪星光学院中（大阪） 93名 3年連続日本一

■ 四天王寺中（大阪） 144名（内、医志英＝83名） 13年連続日本一 ※過去最高

■ 高槻中（大阪） 224名 13年連続日本一 ※過去最高

■ 清風南海中（大阪） 167名 ※過去最高

■ 洛南高附属中（京都） 155名（内、女子28名） 12年連続日本一 ※過去最高

■ 洛星中（京都） 84名

■ 東大寺学園中（奈良） 137名 3年連続日本一 ※過去最高

■ 西大和学園中（奈良） 273名（内、女子14名） 11年連続日本一 ※過去最高

に強い」ということが挙げられます。

そしてよくある質問が「灘中に合格する子どもは、ほかの子どもと何が違うんですか？」というものです。

この質問への答えが本書につまっています。

しかし、先に断っておきますが、その答えはひとつではありません。また当然、子どもによっても違いますし、子どもだけではなく、保護者や周囲の環境が大きく影響する場合も多々あります。

ただ、灘中や最難関と言われる中学に合格するためには、相応の学力が必要なのはもちろん、学力以外に、例えば「テスト本番でどんな問題にも臨機応変に対応する力」や「小6冬の受験本番に自分の学力のピークを持っていく力」などが不可欠なのは間違いありません。そしてこれは、全受験生に共通することでもあります。

本書では、そのような「学力以外の力」について、浜学園の61年の受験ノウ

ハウと私の38年の講師経験にもとづき、凝縮して紹介しています。

読者のみなさまには、子どもの学力や周囲の環境に合わせて、おのおのの志望校合格をぐっと引き寄せる「何か」を得ていただけたらうれしいです。

灘中をはじめとする最難関中志望者はもとより、これから中学受験に立ち向かうすべての受験生と保護者、関係者の一助となれば幸いです。

目次

第1章

灘中に合格する子は学力のほかに何を持っているのか

第2章
「受験勉強」は「入試本番」のためにするもの
「テスト」に強くなる経験と環境

第3章 「学びの器」をつくるために親ができること

学力を自分の力で高めようとする子どもは強い

第4章

受験本番で最大限の力を発揮する方法
小6にやるべき準備と計画

終章

合格があれば、不合格もある

第1章

灘中に合格する子は学力のほかに何を持っているのか

自分に合った解き方を選択する力

　小学校では、クラス担任の先生が、一人で主要科目を受け持つことがほとんどですが、中学や高校へ進学すると、数学という教科ひとつをとっても複数の教員が担当します。職員室には何人も数学の先生がいて、学年や専門によって代わったり、時にはクラスによって担当者が異なっていたりします。中学・高校の在学中、生徒たちはそれだけさまざまな指導法と向き合うことになるわけです。

　同様に、浜学園では一教科に対してコマごとに指導する講師が異なります。

　小5生、小6生の塾生の場合、算数の時間が週に3～4コマありますが、そのすべてが違う先生による授業なのです。通常授業にはファースト授業とセカンド授業があり（ファースト授業とは、各単元の基本の考え方・問題解法のパターン習得について説明する導入授業。セカンド授業とは、その考え方・パターンを使って、応用・発展問題を解く演習授業）、使

用するのは同じテキスト、指導するのも同じ単元ですが、まずA先生がファースト授業を行ったら、あとから行うセカンド授業は、ファーストのA先生が使っていない問題を、B先生が説明します。通常授業に加えて、灘中志望者が多い「最高レベル特訓」のような特別授業も含めたら、子どもたちは算数一教科だけをとっても4～5名の先生に教わることになります。

多くの塾の場合、小5生の算数ならば小5生の算数担当の講師が一人で指導するのが一般的だと思いますが、浜学園の複数指導制には理由があるのです。

浜学園では指導と経営が完全分離しており、「授業は商品である」をモットーに、講師陣は子どもの指導だけに集中して向き合うシステムになっています。他塾のように、講師が授業を受け持ちながら教室管理をしたり、コピーをとったり、電話で保護者の対応をするようなことは、一切ありません。浜学園には、男子最難関中コースの講師だけでも私以外に約50名が所属していますが、彼らはいかに子どもにうまく教えるか？　いかにいいテストや教材をつくるか？　いかに子どもたちに興味を持たせるか？　そのことだけに集中して日々競い合っているプロの講師集団なのです。

講師陣の指導術の競い合いは浜学園の根幹とも言うべきものですが、経験豊富な受

験に精通した講師陣であっても、単元のなかでの教え方の強弱や、専門による偏りはどうしても出てきてしまいます。理科を例にとるとわかりやすいと思いますが、物理、化学、生物、地学と分かれていて、自分の専門とする物理分野の知識はすごく深いけれど、生物についてはは通り一遍、ということもあるわけです。同様のことは社会にもありますし、私が担当する算数の世界にも、細かく見るとたくさんあります。

そこで複数指導制です。

講師はおのおの練りに練った授業を展開しますが、同じ算数の授業でもいろいろな教え方、解き方、考え方、説明方法があります。型にはまった一人の指導ではなく、複数の講師によるさまざまな授業や解説に触れることで、子どもたちのなかにも「僕はA先生の説明のほうがわかりやすい」「私はB先生の解き方がいい」という反応が生まれるわけです。

つまり、同じテキストを使用しながらもさまざまな専門を持つ講師のそれぞれの個性に特化した授業を経験するなかで、子どもたちは自然に自分に合った解き方や考え方を選択できるようになっていくのです。

ご両親からすると、「結局、うちの子どもはどの先生の解き方を信用したらいいの？」

と不安に思われる部分もあるでしょうが、いざ模擬試験や入試本番となったら子どもたちは問題を見ながら「こう解こうかな？」「いや、ああ攻めようかな？」と自分自身で突破口を見いださなければなりません。これが、「自分で考えること＝問題を解く」ということなのです。

ひとつの解法や限られた知識をパターン化させていく学習は、あるところまでは通用しますが、それ以上のレベルになると急に壁にぶつかります。一方、理解できないこともたくさんあるけれど、いろいろな先生の多種多様な知恵に触れておくことで「この先生の図形の解き方は自分によく合うな」と、そういった「自分なりの感覚」を持てるようになると、イヤイヤ勉強するのではなく、自ら前向きに、より速く正確な解法を選んでいけるようになります。

そして、こういうゾーンにきたら、まず算数の能力は落ちることはありません。自分に合った解き方を選択できる力を身につけていることは、のちに中学や高校へ進学した際にも大きなアドバンテージになるのです。

短時間で質のよい勉強をする

灘中という最難関の入学試験を自分の力で合格するわけですから、その子どもに秀でた能力があるのは間違いありません。しかし、その能力をつけるまでにひどく時間を必要とするタイプは、入学後に間違いなく苦労します。

では、合格するだけでなく、入学してからも強い子どもが持っているものは何か？

キーワードは「短時間で質のよい勉強をする」ことです。

ご両親の目には、毎日長時間机に向かう子どものほうが優秀な子どもに映るかもしれませんが、最難関中受験の世界では、だらだらと無理やりやる3時間、4時間の勉強よりも、集中した1時間の勉強習慣のほうが圧倒的に質がよいのです。

実は浜学園には、予習というものがありません。

通常授業は1コマ55分間ですが、子どもたちには予習なしで授業を受けてもらい、

いかにその単元に魅力があるか、講師が内容を事細かく説明しながら学習を盛り上げていきます。帰宅後、やってもらうのは授業やテストの復習中心で、他塾のように予習に時間を費やす必要がない分、家庭学習も短時間で集中したものになります。

短時間学習のメリットはさまざまありますが、例えば算数の場合、短時間でたくさんの問題を解くことが習慣化すると、通常なら解くのに10分かかるような問題をたった2~3分でひらめいてしまうという子どもが現れます。短い時間にキュッと集中することで、難問に対して構えて解くのではなく、何と何をどう結びつけるかを最短で考える、パズルのようなことになっているわけです。

頭が柔軟な小学生ならではの特技で、このような感覚は中3生や高3生にはありません。生まれてから脳を使っている年数が少ないからこその柔軟性だと私は想像していますが、この貴重な時期にいろいろな知恵に触れながら、短時間で質のよい勉強を習慣づけ、「一番いい解き方をチョイスしていくこと=勉強」だと知れば、どんなに難しい問題を前にしても、それを解くことが楽しいというゲーム感覚になっていくのです。

ほかにも、短時間学習のメリットは、小学生の体力的な問題です。小学生の場合、

高校受験を控えた中学生や大学受験に向かう高校生と違い、同学年のなかでの体格差や体力差の幅がまだ非常に大きいのです。身長や食欲もそうですが、同じ小6生でも夜11時まで起きていられないという子どももいれば、大学受験の浪人生のように睡眠不足による頭痛に耐えながら、深夜1時、2時まで頑張るという子どももいます。

しかし、睡眠不足の状態で無理をしすぎれば、必ず限界がきます。現時点の学力が高くても、その子どもはいっぱいいっぱいになっているわけですから、余力を持っているライバルにいつか追いつかれ、追い越されてしまいます。

高いレベルの学校に合格する子どもというのは、小6生であっても自分の体力や精神状態について自分なりに気遣う部分を持っています。「宿題が残っていても睡眠時間はとらなきゃいけない」とか、帰宅しても「テレビの時間を削って夜10時半には寝よう」とか、子どもなりにではありますが、自ら意識して生活リズムを勉強に直結させる考え方が身についている子どもというのは中学受験でもすごく強いのです。

ですが、小学生に自分の体力や精神状態を自己管理しろというのは難しい話です。短時間で質のよい勉強をすることを軸に、健康管理を含め、ご両親にバックアップしていただきたいと思います。

「学びの器」をつくる復習の習慣

私が浜学園に携わるようになってすでに38年になりますが、毎年受験生を送りだして思うのは、同程度の学力があっても、合格する子どもと残念な結果に終わる子どもがいるということです。まだ小学生ですし、入試は一発勝負ですから、当日体調がすぐれなかったり、精神的な緊張のあまり実力を発揮できなかったりというケースも、もちろんたくさんあります。

ただ、長年子どもたちと向き合ってきて感じるのは、最終的にしっかりと合格をつかみとるタイプの子どもには、学力のみならず「学びの器」が備わっているということです。これは「勉強姿勢の器」ともいい、身につけた学力を自分自身でさらに高めていこうとする前向きな気持ちのことです。

では、その器はどうしたらつくることができるのか？

私が重要に思うのはスタート時の学力ではなく、勉強の「習慣性」です。

わが子に勉強習慣をつけさせるために試行錯誤しているご両親はたくさんいると思いますが、ぜひ覚えておいていただきたいのは、どんなタイプの子どもであれ、勉強をやる気になるのは自分の解答に「〇（マル）」がついたときだということです。せっかく自発的に勉強を始めたのに「×（バツ）」が続いたり、久しぶりに向き合った問題が以前と変わらず正答できなかったり、模擬試験の成績が悪かったりすると、子どもたちのモチベーションは一気に下がってしまいます。そして「僕はあかんのとちゃうか……」「私は勉強に向いてないんちゃうか？」と、勉強姿勢がネガティブになってしまうのです。

大人から見れば些細な失敗でも、子どもにとって「×」の衝撃は大きいものです。だから小学生の彼らをサポートするご両親や我々のような指導者たちは、なるべくしっかりと「〇」がつくような形に、彼らの勉強姿勢を整えてやらなければいけないのです。

そこで浜学園では、予習の時間をなくして復習主義を徹底しています（120ページ参照）。その目的のひとつは勉強に対する子どもの「負担感」の軽減です。実際には

復習だけでも結構なボリュームがありますから、彼らの肉体的な「負担」が減っているわけではありません。しかし、予習がないことは子どもたちに学びの楽しさを感じてもらううえで、とても大切な「心理的負担感」の軽減なのです。

灘中・灘高から東大理Ⅲに合格し、優秀な成績で卒業して医師になった浜学園OBの言葉でいまも私の心に強く残っているものがあります。「自分の勉強の根幹をつくったのは、浜学園で小6のときに復習の大事さを学んだこと。そして灘中に入って予習の大事さを学んだ」と。中学生・高校生であれば予習も大事ですが、小学生というのはやりたいことがたくさんあって、目的意識というほど考えがしっかりしていない年齢です。そんな彼らの勉強意欲を継続させようと思ったら、予習と復習のどちらに焦点をおくべきかといえば、それは復習だと私は思います。

なぜなら子どもは「○」が続かないとモチベーションが下がってしまうから。これは、学校でも塾でも「勉強」に共通する特徴ですが、予習に重きをおくと、時間をかけている割に点が安定しないものです。おまけに1日の時間は決まっていますから、復習に費やす時間も減ってしまいます。「×」が続いて「なにくそ。こんなことに負けないぞ！」と自ら奮起するような小学生は昔から決して多くありませんし、いまの

時代、確実に減っています。「〇」が続いて調子が上がってきたときに「もしかしたら、灘中行けるんじゃないの？」というお母さんのさりげない声かけで、「え？　僕、行けるのかも」とだんだんやる気を出してくるケースもあります。

小6生といえど、相手はまだ幼いところもある子どもたちです。中学受験までは復習というところに重きをおいて勉強を習慣づけ、そのなかで「学びの器」を手に入れてほしいと思います。

テストという真剣勝負の場

浜学園の指導の中心となるマスターコースでは、毎回の授業で「復習テスト」(120ページ参照)を行います。コースの必修科目は算数・国語・理科(小1生〜小3生は算数・国語)でそれぞれ週1回(小5生・小6生は算数のみ2回)授業ですから、子どもたちは1週間のうち3日間は復習テストを受けるということになります。ほかにもクラス替えに影響する「公開学力テスト(入塾テストを兼ねる)」や「灘中オープン模擬入試」のような「志望校別の模擬試験」など、年間数多くのテストがあります。

保護者向け説明会などでは、ときどきテスト数の多さを指摘されることがありますが、浜学園は、健康診断のようにこれで子どもを評価している塾では、決してありません。

私は算数の指導者としていまも教壇に立っていますが、授業をしていて「あの先生

は楽しい」「説明の仕方が上手だ」「私はあの授業を絶対に受けたい」といった子どもたちの声を耳にするのは講師冥利に尽きます。

ですが、伸び盛りの小学生を相手に、特定の講師の人気が1年も2年も保てるとは思えません。なかにはカリスマ講師が評判となる塾もありますが、浜学園が一人のスターに頼らないのはそういう理由です。

浜学園という塾は、算数ひとつをとってもいろいろな先生が教えるわけですから、子どもたちは授業を通して新しい指導法やさまざまな考え方に触れます。そのたくさんの出会いのなかで、小学生ながらも「この先生うまいこと教えるな」「すごいな」「あの先生よりも、こっちの先生のほうが自分には合ってるな」というのが感じられると、「自分も算数の授業を受けながら成長していこう」とさらに切磋琢磨するようになるわけです。そして子どもたちは、2ヵ月後、半年後、1年後にまた「この先生うまいこと教えるな」という先生を超える新たな先生と出会い、知的好奇心をどんどん育んでいくのです。従って、私はいい塾にはいろいろな面で子どもを納得させることができる非常に多くの優秀な講師が必要だと思っています。

授業中の子どもたちというのは、それぐらいの勢いで貪欲に勉強しています。その

姿に応えるために、講師陣は生徒が常に前向きに取り組んでいけるような授業づくりを目指しているわけですが、一方で生徒に少々信用できないところもあるのです。

例えば授業中、講師は質問を投げて生徒をあてていきます。ある列を順に指名していくと、大半の子どもたちは自分の番が済んだら、次の問題、次の子どもがあたっているあいだはホッとして休んでいる。つまり、どんなに充実した内容であっても、「授業」には、「勉強を休む間」があるのです。

一方、「テスト」では、途中で休んだらその分、問題が解けません。30分なり、40分なり、あらかじめ決められた制限時間のなかで、15題、20題と解かなければならないので、子どもたちは真剣勝負です。休む間もありません。

子どもの学力を引き上げるためには、授業・家庭学習・テストのみっつが欠かせませんが、何が一番子どもにストレスがかかっているか、一生懸命頑張っているかといえば、それは間違いなく「テスト」なのです。

浜学園に、テストが多いのはそれが理由です。

授業には授業を通しての「学び」が、家庭学習には家庭学習を通して培われる「勉強の習慣」がありますが、テストは本番の入試に向けた予行練習の場というだけでな

く、子どもたちが「自分自身で本気で勉強と向き合う場」となるのです。

たしかに、テストというのは成績や結果が目に見えてしまいます。その数字を見て「うちの子は塾とリズムが合っていない」「結果が出てこない」と、保護者の方が判断されるのもわかります。しかし、テストの原点にあるのは、テストの殻を借りて子どもたちを教育する、勉強させる、自身の力で本気で問題を考えさせることなのです。

そこで培った力は、必ず本番の入試で発揮されます。

そのためにも、塾のテストや模擬試験といった機会を、前向きに、積極的に活用してほしいと思います。塾生でなくとも受験可能な一般公開されている模試は全国にもたくさんあります。そして成績表の数字のみに一喜一憂するのではなく、テストが子どもたちにとって「重要な学習体験の場」であることをわかっていただきたいのです。

保護者の方には、このテストの有効性をぜひ理解していただきたいと思います。

定着した知識をタイムリーに引きだす方法

小学生には復習に重きをおいた勉強の習慣づけが有効ですが、自宅で自分でやっている復習には「幅」があるということも忘れてはいけません。

復習したときは強い。でも、復習してから時間が経つと学んだことも抜けてしまう。つまり、勉強したことが定着していないのです。この状態では最難関中を突破するのはなかなか至難の業であると言わざるを得ません。

子どもたちのなかには、翌日の復習テストでは「〇」がとれるのに、その内容をもとにした3ヵ月後の公開学力テストではまったく点がとれないという子どもが結構います。

しかし、子どもにも言い分はあるのです。「毎週たくさんの先生が『これが大事だ！』と言いまくるのに、そんなにいろんなことを3ヵ月後まで覚えていられるわけがない

じゃないか」と。とても正直な本音だと思います。講師に向かって直接口にはしませんが、ご両親の教育相談などを通して、子どもたちの声は常に聞こえてきます。

そうしたなかで、彼らの勉強方法にだんだん変化が表れます。

ノートの大事なところを折ったり、付箋をつけたり、蛍光ペンで印をしたり、赤いマーカーの上に緑の下敷きをのせて暗記したり……。浜学園ではそのような指導は一切していませんので、おそらく周囲の年長者からアドバイスされたのでしょう。彼らはまだ小学生なのに、まるで中学生・高校生の中間テストや期末テスト前のような勉強方法に変わってくるのです。

しかし、残念ながら、これは小学生にはおすすめできない勉強方法です。

子どもたちにとって、最初は新鮮かもしれません。ですが、マーカーや付箋を駆使して手っ取り早く知識だけを擦り込んでも、そのような勉強方法ではすぐに飽きてしまい、学習したことの定着には至りません。定着させるために効率のよい方法論があるわけではないのです。

その日授業で習ったことを自宅で復習し、復習テストで振り返り、誤りを直すことでまず自分に定着させ、それを3ヵ月、半年、1年、1年半……とコツコツと継続し

て「貯蓄」すること。傍で見ているご両親としたら歯がゆいかもしれませんが、復習を中心としたこのような勉強習慣をしっかりと身につけることが第一ステップです。

第一ステップがしっかりしたら、次は知識の整理整頓です。学んだ知識をどのように頭の中の引き出しにしまえば、そこからタイムリーに引きだすことができるか？その方法を子ども自身に考えさせるということです。「そんなことを小学生に？」と思われるかもしれませんが、考える手順さえしっかり伝えていけば、子どもたちなりに考えます。

これまで復習主義でやってきた子どもたちは、「覚えたことを定着させる」「定着させたことを自由に引きだす」という、次のフェーズに入っていきます。例えば、単元テストなら、前の日に学んだことを次の日に試して、間違ったら復習して、正解すればおしまいです。ですが、模擬試験や入学試験には、明確な範囲がありません。言い換えれば、範囲のないテストで高得点をとりたかったら、いままで引き出しにため込んできた知識に「優先順位」をつける必要があるということです。

「この問題は、自分は間違ったけど、あまりテストには出ない」とか「これはいくつかの模擬試験では見かけた問題だな」とか。そうすると、いままでは「間違ったら、

次は間違えないようにする」とか、ただそういう意識でいたのが、子どもたちなりに整理していくようになるのです。模擬試験のとき、そして本番の入試のときに必要なのはこの「知識の優先順位」なのです。

先ほど例に挙げたマーカーや付箋などの勉強方法は、昔からあって最大公約数で受け継がれてきたものでしょうが、それがその子どもに合うとは限りません。範囲なしのテストを受けて、バツがついて、間違いを経験したからこそわかる、そのタイミングを逃さずに知識の定着と知識に優先順位をつけることを伝えていけば、子どもたちは子どもたちなりにその方法を会得していきます。自分の頭で悩んで得た方法論だからこそ、揺るぎなく、強いものになりえます。そうして「子どもたちの考える力＝学力」は伸びていくのです。

定着と整理には時間がかかります。長いスパンでみて、まず親子で復習主義を徹底し、知識の引き出しを自分で開け閉めできるところまで洗練させる。小6までに身につける勉強姿勢としてはたしかに高度かもしれません。でも浜学園では実際に多くの子どもがそれを実践していますし、その結果、灘中など最難関中の合格を手にしています。

算数の重要性を知っている親子は強い

算数でトップ集団に入る子どもは、受験に強いです。

国語・理科・社会は試験問題のなかに選択肢があったりもしますが、算数という教科だけは、しっかりと理解していないと正答できませんし、理解していても計算間違いをすると「○」になりません。その結果、国語・理科・社会というのは平均に対して正規分布の幅が狭いのですが、算数は個人差が大きく、平均に対する分布の幅も広くなります。そのため、算数で頭抜けると国語や理科の失点を補うこともできます。

灘中の入学試験は例年1月中旬に行われますが、試験科目は算数（200点）・国語（200点）・理科（100点）の3科目です。1日目に算数1・国語1・理科、2日目に算数2・国語2と、算数と国語については、形式の違う試験を2日間にわたって受けることになります。関東の学校では最難関中の開成中をはじめ、「社会」を加えた

4科目で総合的な能力を判断する入試が主流ですが、灘中には社会がありません。

その理由を学校側に尋ねたことがありますが、「暗記からスタートする社会という教科は『考えるレベル』になるまでには時間がかかる」との回答でした。他教科は短期間でも「考える算数」、「考える国語」、「考える理科」の力を見ることができますが、小学生の社会の範囲ではたしかに難しい。これは灘中受験の大きな特徴で、最難関と言われる灘中が受験生に問うのは、自分で「考える力」だということです。

その特徴は国語の出題にも現れています。

灘中の1日目の国語1は俳句やことわざ、慣用句など知識分野と語句がメインですが、知恵を使う漢字パズルやしりとりをして語句をつなげるなど、パズル系の問題が多いと言われています。2日目の国語2は詩の出題が特徴的で、内容を深いところまで読みとり、自分の言葉で説明することが求められていますが、一般的な入試国語に比べて灘中では心情を読みとる部分の配点がそこまで大きくないため、情緒的な国語が苦手な子どもでも、算数・理科でしっかり点をとることができれば、かなり合格に近づきます。

ところが、灘中の算数は、とても難しいのです。

1日目の算数1は60分間で15～20問ぐらいの解答欄を素早く正確に埋めていき、2日目の算数2は同じ60分で5問を解きます。今度はじっくり解き方を見る大問になっているというわけです。この2日間にわたる算数が桁外れに難しく、2019年度の「算数1」の受験者平均点は38・5点（100点）で合格者平均点は49・8点（100点）。「算数2」の受験者平均点は44・5点（100点）で合格者平均点は56・8点（100点）です。算数合計では受験者平均点は83・0点（200点）、合格者平均点は106・6点（200点）となっていますから、合格者のレベルのなかで真ん中あたりにいる子どもでも、5割程しかとれないレベルの、超難問ということです。

しかしその状況でも、算数が突出している子は8～9割正解します。算数の合計平均点が200点満点中100点あるかないかですから、算数で170～200点をとったら国語・理科が多少悪くても補えてしまう。そのぐらい灘中の算数は合否への影響が大きいのです。

灘中の試験形式の場合、算数の上げ幅分で合格するタイプの子どもが半数近くいると思いますが、この突出して算数に強い彼らは計算や文章題だけでなく、普通の子どもならば解答に10分以上かかるような図形のややこしい問題でも2～3分で解いてし

まいます。もちろん前提には数多くの勉強の積み重ねがあるのですが、彼らは共通して、算数に対して「勉強」という垣根を超えた「ゲーム感覚」を持っています。問題を前に必死になって考えること、最短で答えを導きだすこと、その発見が楽しくてたまらないというタイプなのです。そのひらめき力には私たち講師も驚かされます。

通常10分かかる算数の問題を2〜3分で解けるということは、点数のみならず時間も得ることになります。余りの時間をほかの難しい問題に使うことができますし、制限時間のある入試という舞台ではそれも大きなメリットです。

算数の点差で入試がかなり決まる。これが灘中の受験です。浜学園では夏休みになると全体の勉強時間の7割以上を算数に費やしますが、これを東京の「駿台・浜学園」(東京に4ヵ所、神奈川に2ヵ所ある、駿台と浜学園が連携した難関中学受験塾)の説明会でお話しするととても驚かれます。関東は4科目が主流ですから「算数ができる子は算数をしなくていい。その分、社会をやってください」と指導されることが多いようです。目標校の試験科目によって勉強の時間配分は異なりますが、灘中受験に算数のブラッシュアップは不可欠です。そこを通過した子どもたちがやがて灘中から灘高に進み、理系最高峰と言われる東大理Ⅲや京大医学部に現役合格しているのです。

「弱点」があるのは「強み」がある証拠

算数が突出しているからといって、全教科が完璧なわけではありません。保護者からの相談で必ず私が耳にするのは「弱点」という言葉です。

なかには子どもが解いた問題集の目次に印をつけたり、わが子がミスをした回数を「正」の字で書き込んだりして、「うちの子はこれが弱い。ここここが弱い」と持参される人もいます。そこには「塾に通わせているのに弱点が克服できない」というご両親の本音も見え隠れします。ご両親は真剣ですから、私もしばらくそのお話を聞き、「そうですね。ではこういう形で勉強をしてみてください」とお答えします。

ですが、弱点というのは本人が「強み」をつくったからこそ生まれるのです。

そもそも子どもが自ら「塾に行きたい」と言いだすケースは稀です。多くはご両親が「おいしいものでも食べようか?」と誘い、浜学園の入塾テストに連れてこられる。

テストに挑戦してみたら子ども自身も感触がよかったので「行ってみるわ」と入塾の運びになるわけです。でも、その「行ってみるわ」の時点では、塾に毎回テストがあり、細かく成績をつけられるなんて子どもたちは想像もしていなかったでしょう。

塾に行って、遊びもセーブして一生懸命勉強し、入塾する前にはできなかったような問題もたくさん解けるようになった。ところが「できることが増えた」ために、「できない部分」が目立ってくる。ご両親が弱点と呼んでいるのは、その部分です。子どもにしてみたら、自分が一生懸命勉強したことが弱点を生みだしているということに至って、どうしたらいいのかわからない。さらに親からそこを突かれている状態……。

もしも、お母さん、お父さん自身がその立場ならどうでしょう?

「やりきれない」。私ならそう思います。

わが子を心配する気持ち、弱点を克服させたいという思いはわかります。おそらくご両親のなかにも自分自身が学生時代に「数学で苦しんだ」「英語でつまずいた」などいろいろな記憶があり、いま目の前でつまずいているわが子によかれと思って物言いをつけたくなるのでしょう。

しかし、塾というのは学校と違って、今の学力をいろんな方向に何段階も伸ばしていく場です。ひとつの学力を伸ばしたら、その時点で伸びていない学力は相対的に低く見えてしまいます。「塾へ行って勉強する＝弱点が生まれて当たり前」なのです。

弱点の生まれない教育を求めるのであれば、それはレベルを下げて各単元を平易にしたらいい。でもそれは、子どもの伸びていく力を奪いとる行為にほかなりません。

ましてや進学塾と呼ばれるところは、指導内容に幅をつけて徐々に難しくしていくものです。浜学園ではそれを「スパイラル方式」と呼んでいます。各学習単元は低学年から高学年まで系統的に繰り返し学べるようになっていて、子どもの理解力の発達に合わせて「経験の段階」→「使用の段階」→「意味理解の段階」と同じテーマを繰り返し提示していきます。まず同一学年で繰り返し学習し、次に学年をまたいで再度復習する。これが浜学園独自のスパイラル方式です。

例えば、小4の授業でつるかめ算、平均算、過不足算、消去算などの文章題を学習したけれどそれがなんとなく苦手だったとします。いわゆる「弱点」ですね。でも浜学園ではその単元が小5に上がっても、小6になっても授業に登場するようになっています。

そのため小4のときはわからなかったとしても、小5で再び向き合ったらつるかめ算、平均算、過不足算はできるようになった。でもまだ消去算が弱い。しかし小6で再々度向き合ったら消去算も理解できるようになった。

このように、子どもがなんとなく弱い単元も、最初は興味が持てなかったテーマも、あるいは病気で授業を休んでしまったという場合でも、スパイラル方式なら自然と穴が埋まっていくものです。

「弱点を克服させたい」と思ったら、埋まる時間を待たなければなりません。子どもの弱点が気になるときは、ご両親がご自分、つまりご両親の焦りの穴を埋めようとしているときです。親がそれを辛抱できたらいつか穴は埋まります。弱点が生まれるのは強みがあるからです。わが子の「強み」を見つめてあげてください。

「1点の差」をなくすための検算と見直し

最難関と言われる入学試験では、どんなに優秀な子どもでも全科目満点という奇跡はまず起こりません。全国各地から優等生と呼ばれるライバルたちが受験し、最終的に合否を分けるのはわずか1点の差だったりしますから、不注意による失点だけは絶対に避けたい。ならば、「ひとつのミスをなくすためにはどうしたらいいか?」。これは全受験生にとって永遠のテーマです。

浜学園では、各入試問題の計算の配点率などさまざまなデータを掲げて解説する「中学入試における計算力（処理能力）の重要性とその上達法」の講演会を実施していますが、そのなかで私が必ずお話しするのは、「検算や見直しがうまくなると計算の精度が高くなる」ということです。

人間は機械ではありませんから、いくら学力がついてもミスをします。

そのひとつの例があります。浜学園では灘中の合格発表後に受かった先輩たちを教室に招いて、彼らの合格体験を語ってもらうイベントがあります。灘中に合格したとは言えまだ小学校卒業前の小6生ですからそんなに上手には話せませんが、「僕はこれで合格した」と自分の合格グッズを披露したり、「つらいときはこれを巻いて頑張った」と講師のサイン入りのはちまきを後輩たちに見せたりするわけです。そこで合格した子どもたちに、新小6生と一緒に、計算にチャレンジしてもらうのです。その結果は、入試直後ですから、圧倒的に先輩が強さをみせつけます。

ところが、その2ヵ月後、4月になって同様の計算にチャレンジをすると、今度は新小6生が健闘するのです。なぜなら計算の精度は習慣性に左右されます。入試が終わったあとも2月、3月と計算練習を継続している新中1生は少なく、一気に処理能力が落ちてミスを連発してしまうのです。一方、新小6生でも小5生の頃からコツコツと継続してきた子は強い。2ヵ月前にはかなわなかった新小6生が、灘中に受かった先輩を負かす姿は「努力は絶対に裏切らない」という言葉を証明してくれます。

計算は毎日継続することが何よりも大事ですが、受験で最も怖いのはケアレスミスです。そのため浜学園では入試直前の12～1月に検算と見直しの徹底を集中して指導

します。浜学園ではテスト中に問題を解きながら自分で解答欄の番号に／印（斜線印）をつけ、／印がついているものは見直しをしなくてもいいのですが、「ミスをしているのではないか」と思われる解答欄の番号には〇印（丸印）をつけ、それに対して子どもたちが試験の残り時間で見直しをします。それでも不安だったら2回、3回……の見直しを繰り返す。試験で高得点をとり続ける子どもというのは、こういう検算と見直しのスタイルが次第に緻密になっていきます。もちろん、授業中や家庭学習中も同じ習慣性をつけるように努力させます。

しかし、テストのときだけ頑張っても、検算や見直しの精度を高めることはできません。日頃から自宅で検算や見直しをしない子が、テスト中にいい検算や見直しはできないのです。

自宅で検算や見直しをトレーニングするときに、保護者に注意していただきたいのは、問題を解く時間のなかに「見直しの時間」も含まなければいけないということです。それを制限時間いっぱいで問題を解いて、その後に見直しをするという時間配分でいると、いざ本番の試験になったときに見直しの時間が残りません。結果、慌てた状態で見直しをし、読み間違えて正解を消して、違う答えを書いてしまうこともあり

ます。これではミスを防ぐための検算や見直しが、かえって多くのミスを生んでしまうことになります。

自宅で学習するときは必ず時間を決めること。そしてわからない問題は飛ばして、「ミスをしているのではないか」と思うものだけ見直しをする。低学年でもこのことを徹底していると、検算や見直しはとても上手になります。

しかし低学年の場合、小1生～小3生くらいまでは「僕はそんなのしたくない」と言ったら、しなくてもかまいません。その代わり、テストの結果でミスがあってもご両親は絶対に頭から叱らないでください。小4生くらいになり本人が「ミスをなくしたい」と口にしたら、そのタイミングで「家で検算や見直しをしない子はテストでいくら見直ししてもうまくいかないって、先生が言ってたよ。ミスをなくしたいなら見直ししてみたら」と提案してみるのです。そして本人が「ミスをしているのではないか」と思うところだけをチェックし、そこを検算して答えが合うかどうかを確認する。これが、小学生が答案作成能力を高めるための第一歩です。

「5つの性格」のよい部分を自分のなかに強くイメージする

浜学園では年間にさまざまな保護者向け説明会や講演会を行っていますが、そのなかのひとつに「子どもの性格」をテーマにしたものがあります。

私がこれまで保護者から相談を受けた、性格が影響した勉強方法の悩みを集計すると、その性格として多いのが「自信家」「引っ込み思案」「気分屋」「マイペース」「打たれ弱い」という5つのタイプで、それぞれの長所と短所、個性に合った勉強方法についてアドバイスする場となっています。

説明会などのあとに、たびたび質問を受けることがあります。よくあるのが「灘中に合格する子どもの性格は、どのようなタイプが多いですか?」という内容です。

先に結論を言ってしまうと、前述の5つのタイプは受験勉強にとってよい部分が多分にあります。「周囲のサポートの仕方によっては5つのタイプ以外も含めて、性格

にかかわらずお子様を灘中合格に結びつけることはできます」といつも答えています。
それぞれの性格に魅力があり、勉強に対するよい部分を大いに伸ばすことに目を向けること、そして、性格による勉強の欠点については時間をかけて少しでもよくすることを目標にアドバイスをします。

特に小1生~小5生の受験学年でない場合は、よい部分を伸ばすアドバイスを強調します。具体的には、次のようなものです。

「自信家」タイプは、自分でどんどん勉強を先行していくことができる場合が多いので、難問に取り組む機会を家庭学習のなかに多く取り入れ、実践的な練習の割合を増やして思考力を鍛えることに力を入れるとよいと。

「引っ込み思案」タイプは、慎重に取り組む勉強姿勢がある分、つけた力については自信を持つとその実力を発揮する確率は非常に高くなるので、復習テストの勉強をしっかり繰り返していくと、確実な学力がついてくるようになりよいと。

「気分屋」タイプは、集中して勉強した時間は効率のよい勉強ができる場合が多いので、時間を短く区切って家庭学習に取り組むように工夫し、そうした集中力の高い勉強の積み重ねで学力をつけていくとよいと。

「マイペース」タイプは、真面目にやるべき課題をきっちりこなすことができるので、常に課題を少しだけ多めにしておくと、だんだん慣れてきて課題をこなす量も増えて勉強方法も成長していくと。

「打たれ弱い」タイプは、逆に言うと、自分が自信を失い大変焦るような状態にならない限り、安定した勉強を続けることができるので、あまり無理をせずに打たれる前に気持ちの切り替えをしながら勉強をするとよいと。

ただ、性格が生みだす勉強における欠点を克服する方法については、受験学年の小6生はもちろんのこと小5生以下の生徒についても、くれぐれもまわりが焦りすぎないことを前提に、次のようにアドバイスをします。

「自信家」タイプは、自分を疑うことが少ないので、家庭学習でもミスに注意する対策を少しずつ取り入れるようにと。

「引っ込み思案」タイプは、難問を見ると手が止まってしまうところがあるので、間違ってもよいので自信がなくても解き方や記述をなるべく書くようにと。

「気分屋」タイプは、勉強が長時間になると集中力が続かないこともあるので、勉強時間を5分ずつでも徐々に延ばすようにして、テストの制限時間をすべて集中して使

えるようにと。

「マイペース」タイプは、難問を考えすぎてペースを崩したりするので、問題選択や時間配分を勉強のなかにうまく取り入れて、テスト中もマイペースを保てるようにと。

「打たれ弱い」タイプは、テスト中に焦ってしまい自分の実力がまったく出せなくなったときのために、自分の部屋によい成績表や答案を貼って、焦ったときにはそれを見て、自信を取り戻す練習をするようにと。

このようなアドバイスがうまくいけば、「自信家」「引っ込み思案」「気分屋」「マイペース」「打たれ弱い」タイプの受験生は、自分の性格による勉強のよい部分を大いに伸ばして、それにより自信を持つことができます。そして、おのおの性格のよい部分を自分のなかに強くイメージすることができれば、自分の性格が生みだす勉強における欠点も少しずつ克服して、最強の受験生へと成長していきます。

私がこれまでに出会った灘中に合格した子どもたちを振り返ると、例えばテストのときだけはちょっと内弁慶な「引っ込み思案」タイプの子どもがいました。

それでも彼は、謙虚にコツコツ積み上げる勉強に自信を持ち、徐々に間違いを恐れずに問題を解く訓練をすることによって、「自信家」や「気分屋」のいい部分を自分

のなかに取り込むことで強くなっていきました。

また逆に「自信家」タイプが徹底的に実践練習に取り組むことによって発想力を大いにつけたり、「気分屋」タイプが短時間の集中した勉強を繰り返すことによって頭の回転よさが研ぎ澄まされ、徐々に集中力が持続するようになったりと、こうした受験生も灘中に合格して、浜学園からたくさん卒業していきました。

ほかにも、課題量が多くなるとペースを崩して自信を失っていた「マイペース」タイプが自分の真面目さに自信を持ち、少しずつ課題量の多さにも慣れていき、灘中合格をつかんだケースもあります。さらに、実力テストで頭が真っ白になったとよくしょげていた「打たれ弱い」タイプが自分の実力に自信を持つことで精神的に強くなり、その勢いが、問題選択や時間配分を要領よくできるようにさせ、テスト中に自分で気持ちを立て直せるようになって灘中に合格した先輩もたくさんいました。

それぞれの性格には、あり余る長所があります。それぞれが5つの性格のよい部分を強く意識して自分の短所を補完できるようになれば怖いものはありません。わが子のベースとなる性格がどのようなタイプであれ、子どもへのアドバイスの方法をうまくすれば可能性は無限大に広がるのです。

「マイペース」タイプの生かし方

保護者からの相談で多いのが「うちの子はマイペースでのんびりしているけど、中学受験を乗り越えられるか？」というものです。

この「マイペース」タイプと、前述の「打たれ弱い」タイプは、重なることも多いのですが、中学受験に向かうにあたって、メリット・デメリットは当然あります。

例えば、模擬試験のなかには「灘中オープン模試」というような学校の名前のついたテストがあります。このような模試は、まず受験生が絞られ受験母集団が少ないです。そして難度が高く平均点が低くなるのが特徴で、突出した得意科目を持つ傾向がある「自信家」や「気分屋」タイプはバーンとよい順位をとることが多いですが、「マイペース」タイプは、往々にしてこのような模試が小6塾生全員が受ける公開学力テストと比べると苦手です。しかし彼らは努力家で、問題に対する平均的な正答率が高

いため、受験母集団が大きく出題範囲が広い模擬試験ではとても安定感があり、高い順位を維持します。

「マイペース」タイプの勉強の積み上げ方というのは、「これができる」「同じような問題ができる」「これもできる」という具合に、土台に乗せてちょっとずつ積んでいく方法です。そのように学力を構成してきているので、突然見たことも聞いたこともないような難問を「やれ」と言われてもとまどうばかりです。彼らにそれをさせる場合には、最初はその難問に行きつくまでの問題を、すべて順番に見せていく必要があります。

その手順を無視して「みんなトライしてるんだから、あなたもやってみなさい」と押しつけても、「マイペース」タイプの子どもは最初は手が動きません。手が動かないのを見て「動かしなさい」とか「手が止まっているよ」と指導すると、彼らのよかった部分にまでかげりが出てきてしまうのです。

「マイペース」タイプの怖さはそこにあります。何かをきっかけに自分のペースが崩れると、成績が一気に下降して偏差値が10くらいは簡単に下がってしまいます。

秀でた学力があっても、彼らはまだ小学生です。これまでに学校の先生やご両親か

ら「成績がいい」とか「点数がいい」など褒められてきたことが自信としてあるだけで、自分で確固とした意志を持って難問に挑戦して学力を磨き上げていくような学力構成ではないわけです。いま子どもたちは自分のなかに少しずつ積み上がってきた学力で中学受験にトライしようとしているわけですから、周囲の大人たちはその子の持っている「いい部分」を絶対に理解してやらなければいけません。

ただ心配する必要はありません。「マイペース」タイプの子どもは、ムラなくどんな分野にも対策を立てて勉強することが得意です。「打たれ弱い」タイプと重なることが多いということは、強いものをたくさん持っているから、あることに対してだけ打たれ弱くなるのです。例えば「本番に弱い」のであれば、入試までに模擬試験を何度も受けて、頭が真っ白になる経験をできる限り積んだらいい。それを乗り越えた「マイペース」タイプほど強いものはありません。

彼らに必要なのは「近くの山を越えていく」ということです。高い山を一気に駆け上がる体力はなくても、小さな近くの山をたくさん越えていくうちにそれ相応の体力がついてきます。ライバルがちょっと休憩しているうちに追い越すこともできるのです。

灘中に合格する子の小6の夏

「夏に入試があると思って頑張ってください」。これは新小6生になった保護者に私が最初に贈る言葉です。なぜなら、まず保護者が本気で思わなければ子どもは本気で頑張らないからです。「やれることは全部やる！」。灘中などの最難関中の合格確率を上げるためには、そういう考え方を持って臨んでほしいのです。

実際に浜学園には「夏の入試」があります。毎年8月に「灘中オープン模擬入試」というタイトルで、年明け1月に行われる灘中の入試を模した試験を行っているのです。この模試では灘中の入試とまったく同じ時間割・配点でテストを行い、子どもたちは答案用紙に名前を書かず「受験番号」のみを記入します。

答案管理には非常に気を使いますが、本番の入試では採点者にも個人が特定できないように、受験番号だけを書かせるシステムになっているので、そこまでそっくりに

しています。しかし子どもたちには馴染みがないため、間違った受験番号を書いてしまう受験生が現れるわけです。本番でその失敗を絶対にさせないために、灘中オープン模擬入試は受験番号のみの記入になっているのです。

そして試験後には本番と同じく合格発表を行います。合格者には受験票と引き換えに子どもたちに合格証を渡すのです。ただ違うのは合格証の下部に次のメッセージが書かれていることです（60ページ参照）。

「この合格証も『君がサボれば紙くず同然』となる」

子どもたちにとっては夏の入試ですが、問題の難度も本番の入試に合わせているため、この段階では多くの子どもはうまく結果が出せません。これは例年同じで、夏の灘中オープン模擬入試よりも、秋から冬に行われる入試練習やプレ入試といった模擬試験の成績のほうが、本番の合否に直結してきます。

それでも、夏の灘中オープン模擬入試はひとつの指標です。

この模試の段階で得点をとれている子どもは、500点満点でいえば350点ぐらいを頂点とする場合が多く、9月以降入試本番まで、その後も安定した状態が続くことが多いのです。

灘中入試本番の最高得点は年によって変動はありますが過去10年間（2011年春入試〜2020年春入試）の合格最高点の平均は428点で、割合で言うと500点満点のうち8割5分6厘の得点です。夏の段階から高得点をとるトップ層というのは、その後もコンスタントに成績を上げていく場合が多いので、伸び幅を点数で換算するなら、年明けの灘中の本番までに50点から100点くらい伸ばしてくるわけです。

また、この夏の模試の段階で合格最低点（合格ライン）は、500点満点で言えば250点くらいの5割前後になることが多く、灘中入試本番の合格最低点を現時点でとって合格するというのはなかなか難しいテストになっています。過去10年間（2011年春入試〜2020年春入試）の灘中入試の合格最低点の平均は315点で、割合で言うと500点満点のうち6割3分の得点です。つまり、年明けの灘中入試本番までに50点から100点くらい合格ラインも上がるというわけです。

しかし上位層の彼らにも当然、成績の上下はあります。

夏から状態が上がっている、あるいは下がっているというのは、その「子ども自身の上がり率」で決まりますが、小6生の夏休みからの上がり方が2割の子どもと5割の子どもでは伸び方が全然違うわけです。だから戦いの行方はわかりません。夏の灘

中オープン模擬入試のトップ層にそのまま独走されて引き離されていくこともありますし、夏の段階ではまだ力足らずだった中・下位層による秋からの大逆転もありうるわけです。

ただ、小6生の夏の灘中オープン模擬入試で好成績を収めるということは、そこに至るまでの自分の勉強の仕方や環境づくりがとてもうまくいっていたという証でもあります。彼らがそのまま灘中合格にニアリーイコールかといえばそれは違いますが、夏までの勉強の仕方や環境づくりに関しては自信にすべきことだと思います。

「夏に入試がある」というのは、灘中入試に形式を合わせたテストをすることだけが目的ではありません。この結果をもとに、9月からの学校別に細かく分かれた「日曜志望校別特訓」（月2回実施）のコース分けが決まるのです。それを目標に、浜学園の受験生たちは頑張っています。

すなわち、入試の約5ヵ月前に本番の灘中入試を受験する集団に入ってより学力を高め、「灘中を3回受験しても3回とも合格できる」力をつけて、本番の入試を迎えられるかどうか。灘中コースの受講基準を満たしているかどうかを判定してもいるのです。これが、「夏の入試」を頑張らせる目標づくりとなっているのです。

夏の入試でよい結果を出し、あと5ヵ月悔いのない受験勉強をしていくためには、小6生の春先から死にものぐるいで頑張って、夏休みの前半に一度できる限り仕上げる必要があります。

受験学年といっても、小6生の春先から夏休み前に、1月の灘中入試を目標に掲げたところで、11、12歳はなかなか本気になれません。そこで、夏にひとつの大事なハードルを設けて、小6生を「プロの受験生」に育てていく準備をする。それが「灘中オープン模擬入試」なのです。

一度春先から夏休みまでドロドロになって受験勉強をしておけば、「灘中オープン模擬入試」であまり高得点がとれなかったり、よい判定が出なかったりしても、そこから勉強姿勢が別人のように変わったり、授業中に「自分のための受験」という目の色になったりする受験生が何人も生まれ、本番の灘中入試で合格していきます。そのためには「本気の涙」が必要なのです。

灘中オープン模擬入試のアイテム

■合格者の受験番号(合格発表)

2020年度
第1回
灘中オープン模擬入試合格者

1	49	204	221	273	610
3	55	205	223	278	613
4	60	206	226	407	614
5	78	208	228	503	620
8	79	209	229	506	630
10	82	210	233	514	634
16	85	211	242	518	704
24	86	212	245	524	707
27	93	213	252	537	710
29	102	215	256	602	713
43	201	216	259	608	
44	203	219	269	609	

最高点 290点　合格最低点 192点

注意 1 合格者は所属教室にて受験票と引き換えに合格証をお渡しします。
一般生の方は最寄の教室にて受験票と引き換えに合格証をお渡しします。
2 答案は3/2(月)以降に郵送いたします。

この合格発表形式は2020年春灘中入試の実際の合格発表形式を模してあります。
ただし、実際の灘中での掲示は遠方よりみられるようにこれよりずっと大きく作られています。

浜学園

実際の合格発表に模した形で
合格者の受験番号が掲示される。

■合格者全員に渡される合格証

灘中オープン模擬入試

合格証

殿

あなたは灘中オープン模擬入試において合格と認めるにふさわしい成績をおさめましたのでここに合格証を授与いたします。

令和2年3月1日

下部には、「この合格証も
『君がサボれば紙くず同然』となる。
心して"勇往邁進"すること」とある。

■合格章

10傑の合格者に渡される
記念キーホルダー。
裏面には順位が記されている。

足踏みせずに得意を伸ばす

浜学園には現在よっつの受講コースがありますが、指導の中心になるのは平日に授業を実施している「マスターコース」(小1生〜小6生)で、ほかに週に一度、土曜のみに授業を行う「土曜マスターコース」(小2生〜小6生)、最難関・難関中を視野に入れたハイレベルな指導を行う「特訓コース」(小1生〜小6生)、遠方で通塾が難しい子どもたちなどに向けた「Webスクール」(小1生〜小6生)を開設しています。インターネットを介して自宅で受講するWebスクール以外はすべて「能力別クラス編成」になっていて、それが浜学園のひとつの特徴とも言えます。

基本となる「マスターコース」は、能力別にV(最上位クラス)・S(上位クラス)・H(中堅クラス)と呼称が分かれています。さらに成績順にV1、V2、S1、S2……H1、H2……と細分化され、西宮の本部校舎であれば全部で10クラスほどがありま

す。最上位クラスはＶ１ですが、そのなかでも算数・国語・理科のそれぞれの成績のトップ約10名は「Ｖ０」と呼ばれ、別室で授業を受けます。

マスターコースのテキストは易問～難問で構成していますが、それに加えて灘中のような最難関を目指す子どもたちの多くは難問を基本としたテキストを使用して学力を築き上げる「最高レベル特訓コース」も受講しています。このコースも能力別に編成されていて、西宮（兵庫県西宮市）の本部教室の場合は算数１～４組。そして算数１組のトップ約10名は特別に「０組」として別室で授業を受けるのです。

「能力別」というと優秀な子どもだけを特別扱いするようなイメージを持たれることもありますが、決してそうではありません。浜学園では２ヵ月に一度、クラス替えを行いますし、小６生の夏からは毎月クラス替えがあります。クラス替えはゲーム感覚的なもので、ちょっとしたミスなどでクラスが変動しますし、最上位クラスの「０組」をずっと守り続けることができる子どもは毎年一人いるかいないかです。

能力別クラス編成とクラス替えを行う理由のひとつに、強い学力集団をつくるためには「待ちの状態の子どもをつくってはいけない」という思いがあります。

例えば、ある集団がいてクラスを10個に分けたとします。ひとつのクラスのなかの

上の子どもと下の子どもでも学力差があるわけです。そのとき講師はどこに照準を合わせて授業をするするか？　上の子どもに合わせたら、下の子どもは取り残されてしまいます。下の子どもに合わせたら、上の子どもは前進できません。どちらも足踏みをしてその場で「待つ」ことになってしまいます。

浜学園のいう「待ちの状態の子どもをつくらない」というのは、つまりは「子どもたち全員が常に頑張らなきゃいけない状態」をつくっておくということなのです。

最上位クラスに上がったはいいけれど、逆にそのなかで力が伸びなくなってしまう場合もあります。その結果、次のクラス替えで2つ下のクラスに落ちてしまったけれど、そこで勉強の仕方や学力を整えて再浮上して最上位に挑戦する。クラス替えがあることで、子どもたちに「待ち」ではなく挑戦や前進の動きが生まれるのです。

「クラス」というテーマで、保護者にもうひとつ理解していただきたいことがあります。浜学園のマスターコースのクラスにはV・S・Hというみっつの呼称があるわけですが、それぞれの教科・単元に対する問題の難易度にも「C・B・A」のレベルがあります。

例えば、理科の場合、物理分野と化学分野は難問のCレベルを正解するけど、生物

分野と地学分野は基本のAレベルをミスしたり、勝負問題のBレベルを間違えたりする子どもがいます。誰にでも苦手や弱点はありますし、その子どもの場合は得意な物理と化学で突出していて、全分野を合計すれば最難関に十分に合格できるレベルに達しています。

ところがご両親としては、子どもの苦手な生物と地学でもCレベルの問題を正解させたいと焦るわけです。理由を尋ねると「灘中の過去問題が全然解けなかった」と。

授業の翌週に行われるような復習テストではなんとか覚えていても、生物と地学に本人の興味がないのですぐに忘れてしまうのです。このようなタイプの場合、模擬試験の前日に必ず見直すための「弱点対策ノート」をつくり、日頃の模試はもちろん、それを入試3週間前くらいから、そして試験前日も確認させることです。そうすることで本番を乗り切る「対策」になります。

それで彼が生物や地学に強くなるかというと、好きではないから強くはなりません。しかし、本番を乗り切る対策を立ててしのぐのもひとつの勉強方法なのです。この対策が可能なのは、彼が物理と化学というCレベルの難問を正解する「得意単元」を持っているからにほかなりません。得意さえあれば弱点は滑り込みでも対策できるので

す。そして実は、この子どものような得意と苦手のバランスをとる子どもが、灘中をはじめとする最難関中に合格していく受験生なのです。

コラム

小6生の天才児を目指してはいけない!?

長年子どもたちを見ていると、小6生の11〜12歳の子どものなかには「勉強が好きで好きで仕方がない!」という子どもたちがいます。友だちがゲームやサッカーや読書をしていても、そういうことには全然興味がない。とにかく算数の問題を解くことがごはんを食べるよりも楽しい。小6生の場合はそういう子どもが実際に存在するのです。中3生や高3生ではこういうことはほとんどありません。

でも、ここで間違ってはいけません。

「ごはんよりも勉強が好きで好きでしょうがない」という特化したタイプは本当に希少で、最難関と言われる灘中の生徒を見ても、ごく一握りです。180名の定員のうち1割もいません。しかしそういう子どもがいるといううわさが流れるので「うちの子もそんなふうにさせたい!」とつい思ってしまうのです。

そんな子どもはめったにいません。

そのことを最初に知っておいてください。たしかに小学生時代に特化して勉強が好きな子どもが現れることはありますが、そういう子どもたちがその後どうなったかというと、高3生になってもトップを走り続けている子どももいれば、普通の成績になってい

る子どももいますし、まったく違うタイプになっているというケースもあります。小学生には雑念がありませんし、難問を解いた快感とそんな自分に対する周囲の評価が喜びとなって、たまたま小6生のときに勉強心のタイミングが合う子どもが出てくるのです。

そんな彼らにわが子を近づけようなどと考えてはいけません。

小6生の天才児はたまたまうまくいった産物、たまたまの結果であって、それを目標にしてはいけないのです。

第2章

「受験勉強」は「入試本番」のためにするもの

「テスト」に強くなる経験と環境

灘中志望のふたつのタイプ

関西と関東の受験で一番違うのは、関西の優秀児は灘中に一極集中するということです。関東ならば開成中に行ったり、筑駒中（筑波大学附属駒場中）や麻布中に行ったりと第一志望から分散しますが、関西ではまず灘中であり、家庭も塾も地元もみんなの目的意識が「灘」で共通していることが地域の特徴です。「ちょっと灘中は厳しそうだな……」となってから、ほかの学校を考えることが多いのです。

志望校と受験校のリアルな選択は小6生になってからの話になりますが、入塾のきっかけとして、低学年のうちから「子ども自身」が灘中を志望するケースはほとんどありません。なかには憧れを持って入塾する子どももいますが、それは本人の意志というよりも家庭の影響が大きいと思います。

ひとつは、家庭のなかで子どもが小さい頃から灘中をシンボルのようにして、子ど

ものいい部分を引っ張り上げていくという教育を積み重ねてきたパターン。例えば「この子は算数に強そうかな」とか「理科に興味を持ってるな」とか、ご両親が日常生活のなかでキャッチしたわが子のいい部分をぐんぐん引き上げていくことで、灘中を志すような学力をつけてきた子どもです。

もうひとつは、親がそんな意識をまったくさせずに、子ども自身が自然と学力をつけていったパターンです。どの教科もまんべんなく優秀で気がついたら学校の成績もよく、テストでも上位にいる。「それなら灘中にでも行ってみようか？」という感じです。

得意なものをどんどん伸ばすことで自信を持っている子どもと、平均的にまんべんなく優秀で無欲ななかで力をつけてきている子ども。両者とも「できる子ども」です。そんなタイプの違う彼らが小3生、小4生の頃から通塾を始めてピラミッドの頂点を争っていくわけです。

時に学力のつばぜり合いも起こるわけですが、得意なことを前向きにやっていく子どもが強いのか、独自のやり方でしっかりと勉強の土台を築いていく子どもが強いのかとなれば、能力的には両者とも言うことはありません。しかし能力はあってもまだ

11～12歳の小学生です。本人が受験勉強で試練にぶつかったときに周囲は的確なアドバイスができるかどうか？　結果を左右するのは彼らを見守る環境なのです。

どちらのタイプも灘中合格に近い受験生であるのは間違いありませんので、彼らが受験勉強で壁にぶつかったときは、自分のいままでの学力をつくってきた勉強方法を入試まで信じ続けられるアドバイスをしてほしいと願います。

「いい塾」とは何か？

いまは全国に無数の塾がある時代です。大手グループの進学塾から個別指導塾、個人経営の補習塾までさまざまあり、わが子の塾選びについては保護者としても悩ましいところだと思います。

「何がいい塾か？」というのは一言で答えるには難しい質問ですが、一例として挙げるなら浜学園の評価軸は「入試の実績」です。これは何も我々の合格実績がすごいと自慢しているわけではなく、塾として実績という評価尺度を持ち、そのためにはどういう塾づくりをしていったらいいのか講師も職員も常に切磋琢磨しているのです。その部分が塾選びのひとつのポイントになっていくのではないかと思います。

実績だけでなく、各塾にはいろいろな特色・特長があります。現時点のわが子を見て「こういう部分を伸ばそう」とご両親が感じたら、それにマッチした塾に絞り込ん

でいけばいいのです。

入塾したての保護者の方から寄せられる相談に「集団授業についていけない」というお悩みがあります。ところが、この「ついていけない」にはいろいろなパターンがあるのです。「授業の内容についていけない」「講師の話を聞きながら同時にノートをとるスピードについていけない」「家庭学習としての復習をこなすペースについていけない」などさまざまです。なかでも入塾した子どもたちが最初にとまどうのがノートをとるスピードです。小学校の授業では先生が黒板に書き、それを説明して、「ノートに写しなさい」と書く時間をつくってくれます。ところが浜学園は違います。講師が説明しながらポイントを書き、それを同時にノートに写していく。これも効率的に勉強するという教育の一環ですが、はじめて体験した子どもは「なんかすごい塾やな」「ノートに書こうと思ったら、もう板書が消えてる……」と。

でも塾によっては「授業中はノートをとらず、手はずっと膝に置いておきなさい」と指導する塾もあるわけです。これも塾選びのポイントのひとつになるかもしれませんが、講師が板書していることはすべてテキストに書いてあり、授業中はノートをとらずに話を聞くだけ。テキストをもとに自宅で勉強しなさいというスタイルです。あ

るいは講師が板書するのではなく、パワーポイントを駆使して授業展開している塾もあります。例えば社会なら日本地図、理科なら生物分類の絵などをパワーポイントで映しだす。いくら手慣れた講師の板書でも、美しさではパワーポイントにかないません。

しかし浜学園には、「テスト中の自分の状態と普段の勉強中の自分の状態がニアリーイコールになるように」という原点があります。それを実現するには、目で見るだけではなく自分の手で書いて考え、問題を解くことにつなげていかなければなりません。入学試験のテスト中に手を膝に置いている子どもはいません。限られた時間のなかで自分の手を使って必死に考え、答案用紙を埋めているはずです。本番で自分の実力を出し切るためには、授業中にノートをとることもひとつの訓練なのです。

子どもには段階があります。入塾という勉強の入り口で勉強嫌い・塾嫌いになってほしくはありません。ノートをとることに抵抗があるならばまずはそういうものがない塾に入って、本人に目的意識が芽生えてきたらそれに合わせて塾を替えればいい。

塾選びに大切なのは「子どもが成長できるかどうか」です。ただ成長とは言え、いまの本人のレベルとかけ離れすぎた目標はいけません。親子でしっかりと目標づくりをして、本人の学力が2〜3割アップするような塾を基準に選んでください。

個別指導のデメリット

塾にはさまざまなタイプがありますが、近年注目を集めているのが個別指導を謳うマンツーマン形式の塾です。同様に派遣型の家庭教師も人気がありますが、いずれも個を尊重するいまの時代のニーズにとても合っていると私も思います。

浜学園にもHamax（ハマックス）という個別指導部門がありますが、浜学園の集団授業とは違って自分に合った学習スタイルで受講できることで、習い事が多くスケジュール調整の難しい子どもや、性格的に少し引っ込み思案なタイプなどにはメリットが大きいようです。また浜学園に通塾しながら、ちょっと勉強意欲を失ってしまったときなどに一時避難所のように利用されるケースもあります。「この問題、解ける？」と講師が子どもの側について個々に声をかけてくれるわけですから、それはとても価値のある学習時間になります。

しかしその一方で、子どもにとって満足度が高く居心地のよい個別指導だけをモチベーションにすると、「横の揺さぶりに弱い優等生」になってしまうという危惧もあるのです。

すなわち、わからないところにタイムリーにアドバイスをもらえば、頭のなかに一本縦に筋の通った理解を十分に構築していけるとは思いますが、例えば入試で問題の設定が自分の学習したパターンの蓄積にあてはまらないようなときは、試行錯誤して考えないといけません。こういった「横の変化」に柔軟に対応することができない受験生になってしまう恐れがあるということです。

受験者平均点が5割あるかないかの入学試験で、自分の力を最大限発揮するためには、困ったときには自分で「あるところ」までは解決し、どうしてもわからない場合は後に回して、また次の問題に対して自信を持って集中して考えられるような受験生本人の強さが必要になってくるのです。

実際に「横の揺さぶりへの弱さ」は、模擬試験のような実力テストの成績に顕著に表れます。個別指導で学力はしっかりと身についているはずなのに、実力テストになると弱いのです。

なぜ実力テストで力を出し切れないのか？
その理由は、彼らにはヒヤッとする経験と環境が少ないからです。
個別指導の場合、わからない問題は担当講師が理詰めで解説してくれます。自分だけに合わせた授業でライバルもいません。マイペースで勉強したいタイプには最高の環境ですが、その分、集団のなかで荒波に揉まれることによって得られる「勝負強さ」が不足してしまうのです。

受験生である彼らがこれから向かう場は、何百人ものライバルが集まる入学試験です。合格した先に待っているのは、中学校の集団授業です。高校に進学しても、大学に入っても、そして社会人になっても「多対一」で学ぶ環境は続きます。受験に必要な知恵や知識のみならず、難関校の集団授業についていけるだけの勉強の姿勢やキャパシティも育んでおかなければ、のちのち苦労を背負うことになりかねません。

塾の役割というのは、志望校に合格させて終わりではなく、中学校でも、その先の人生でも、子どもたちがきちんと力を発揮できるように「学びの器」を育むことだと私は考えています。

受け身の勉強姿勢ではなく、将来わからない問題にぶつかったときに、自分で本を

読みながら、授業ノートを見ながら、いろいろ考えて自力で解決していける子どもに教育していくこと。中学受験という目標をきっかけに、小学生時代にその素地を築いておくことは、のちに彼らにとって大きなメリットになります。

塾選びの際には目の前の受験対策だけでなく、人生のベースとなる子どもの勉強の仕方や勉強姿勢を築き上げていくということを、その塾がどのように考え、位置づけているか。ご両親には、ぜひその点もチェックしていただきたいと思います。

小5生は何かひとつだけ我慢する

小学校では5年生に進級すると、最上級生である6年生とともに高学年とくくられるようになりますが、中学受験を視野に通塾する小5生の1年間というのは親子にとってちょっと特別な時間かもしれません。

小5生になると子ども自身にも「そろそろ受験勉強のスタートかな」という意識が芽生えますが、小6生ほど受験に執着する段階ではありません。それだけに勉強の調子のいいときは「僕、灘中に行く！」とか「絶対頑張る！」とはりきりますが、悪くなったらあっさりと「もう受験やめるわ」と言いだします。

これは小5生の時期に、よく見られます。どの家庭でも起こりうることです。

ですから、この時期に子どもが手のひらを返すような気まぐれな発言をしても、ご両親はどっしりと構えていてください。感情的になって「だったら塾なんかやめなさ

い」と怒鳴ったり、塾のテキストを捨てたりすることは、絶対にしないでください。なぜなら、それで2週間も1ヵ月も親子関係がゴタゴタするのは、とてももったいない時間の過ごし方だからです。よくあることなのですから冷静に構えていればいいのです。

小6生になると一気に受験モードに切り替わります。その前の時期である小5生の時期に私がおすすめしたいのは、「何かひとつだけ我慢する」ということです。ゲームしたい、テレビが観たい、遊びたい、スポーツしたい、寝たい、ボーッとしたい……小学生の彼らには勉強以外にやりたいことが盛りだくさんです。でもそれをそのまま続けていたら、受験に合格する能力を持った子どもでも合格できなくなります。そこで受験モードに切り替える予行練習として、小5生になったらそのうちひとつだけを我慢することにトライしてほしいのです。

例えば、休憩中にゲームをしたりテレビを観たりはするけれど、その時間を少し短く調整するとか。友だちと遊びに行くけれど、これまでより回数を減らすとか。親子で何かひとつ我慢することを決めてトライしてください。その決めごとが2回に1回しか守れなかったり、そもそも最初からできなかったり、それもよくあることです。

大切なのは「子どもが破る」ことを想定して約束するということです。何度失敗してもあきらめずに繰り返すことで、だんだん子どもに定着していきます。小5生のこの時期を有効に利用して、小6生の受験勉強に備えてください。

算数は生まれつきのセンスではない

浜学園にも入塾テスト（公開学力テスト）がありますが、出題の7割は学校の教科書の単元をベースとした基本問題で、残り3割はその単元をいろいろ合体させたり、見た目がちょっと違うように工夫したりした応用問題になっています。そのような問題構成によって平均点が70点くらいになるように調整しています。

この入塾テストの段階でその子どもの「算数に対するセンス」が見えるかというと、決してそんなことはありません。計算力がかなりある子ども、問題文がしっかりと読めている子ども、応用問題に挑もうとする姿勢が見える子ども、などということはわかります。しかしその差は、入塾して2週間や1ヵ月もたてば、すぐに埋まってしまいます。入塾テストではじめて見る問題に驚いて失点していた子どもも、通塾するうちに感覚をつかんでいきます。そのタイプの子どもが勉強の楽しさに気づき、うま

く塾の指導の波に乗ると、びっくりするぐらい伸びてくるのです。

算数というのは、パズルやクイズを解く感覚とその知的な部分を学問に落とし込んだ教科です。特に灘中の入試問題はその傾向が強いですが、算数を得意科目に育てられるかどうかは生まれつきのセンスではなく「算数をゲーム感覚で楽しめるかどうか」が分かれ道になります。

「算数が好き」というのも大きな要素ですが、例えば、ある生徒が講師に教えてもらいながら一生懸命に図を描いたりグラフを描いたりして10分かけて理解した問題を、自分なりの見立てで「これ、こうじゃない?」とたった1分で解いてしまう子どもがいます。前者にとって算数は苦しくてしんどい「勉強」ですが、1分で名案が浮かぶ子どもにとっては「ゲーム感覚」なのです。ゲームだから苦痛ではありません。電車に乗っているときもバスに乗っているあいだも常に算数のことを考え、「あの問題どうやって解こうかな?」と「考えている感覚」が、問題をやっているときに前向きに発揮されるようになります。子どもにとっては考えている感覚が楽しいからますます算数が好きになりますし、算数が好きだから考えることも楽しくなるのです。

このタイプの子どもは、問題を読みながら同時に手が動いています。一方、総合力

はあるけれど、算数の難問だけが苦手というタイプの子どもは、確実にというぐらい問題を読み込んでから解こうとします。この差が大きいのです。

講師から教わったひとつの解法を繰り返すことが勉強だと思っている子どもにとって、算数はなかなか手ごわい教科です。「小学生だし、たくさんの解法を理解するのは大変だろうからこれひとつでいいよ」と指導したら、その子どもは「やらされているパターン」に陥り、伸びなくなってしまいます。しかし、固定のパターンではなくいろいろなやり方を見聞きしながら、そのなかで自分にとって一番いい解き方をチョイスしていくことが勉強なのだということがわかると、感覚的に問題を解くことが楽しくなってきます。これを私は「ゲーム感覚」と表現していますが、算数の成績を伸ばす実践的な力になるのです。

本来子どもはゲームが得意ですから、みっつの解法を教えたらそのみっつを上手に使いこなすようになります。そのうちに最も短時間で答えにたどり着く解法を自分で選択できるようになりますし、ひとつひとつの解法に価値を見いだすとさらに頭を使うようになります。その段階に進んだ子どもは「勉強」という感覚を超えて、算数の本質を楽しめるようになるのです。

処理スピードの遅さは知恵でカバーできる

何につけてもスピードの速い子どもと遅い子どもがいます。

食べるのが速い、足が速い、手を動かすのが速い、頭の回転が速い、話すのが速い……と、何が速いのかはさまざまですが、入試に直結する算数の問題を解くスピードや、文章を読むスピードにも「速い・遅い」があります。

時間に制限のある模擬試験や入学試験、とりわけ灘中の場合は問題量がかなり多いため、学力があっても「うちの子では処理能力が追いつかないのではないか？」と心配されるご両親がいます。

しかし、そこにも知恵を働かせることはできます。

算数の場合であれば、最短の解法を使えばいいのです。

例えば、旅人算の問題を解くのに、ほかの受験生は線分図を描いてじっくりと考え

ていくのに対して、グラフを描いて比を使いながら、一般的な解法よりも過程をふたつくらい飛ばして最短の方法で解いていけば、スピードは速くなります。

処理スピードを上げるためには、別の解法にも注意をしながら、要領よく工夫して解く大事さも、常に頭に置いて勉強をしてほしいと思います。「自分が正解した問題の解説を見ない」と言う生徒がいますが、これは実にもったいないです。優秀な生徒にありがちな盲点と言えます。自分が正解した問題でも解き方がまどろっこしい場合は、常に解説を見てもっと要領がいい速い解き方はないか、勉強してほしいのです。

また、文章を読むのが遅い子どもでも解法で時間のロスを取り戻せます。

国語の長文問題も個人差が出るところです。読むのが速い子どもと遅い子どもでは、問題文を読む時間が倍も違うことがあります。

なかには「同じきょうだいでも兄は速いのに、弟は遅い」「姉は遅いけど、妹は速い」ときょうだい間の違いを相談されるご両親もいますが、本番の入試には「その子どもなりにスピードを速くする」トレーニングを積んで臨めば十分で、きょうだいで競わせる必要はまったくありません。

とは言え、試験会場には群を抜くスピードで正確に問題文を読み、入試に照準を合

わせてくるライバルがいることも忘れてはいけません。その場合も対策はあります。速読に強い相手が問題文を二度、三度と読み返す時間でたった一度しか読めないとしても、その分1回で集中して読み、問題条件を正確に把握するということを普段から徹底すればいいのです。

私がいままで教えてきた優秀な生徒のひとつの共通点として、問題文を何度も読み返すのではなく、どんなに難しい問題でも、より集中して読んで、「1回で問題条件を頭に入れてしまう」習慣性を身につけている、ということがあります。

大切なのはスピードだけではなく、問題をきちんと理解して正しい答えを導きだすことです。それには知恵と努力も必要です。本番までにいろいろな解法を身につけ、自分なりのトレーニングを積んでおくことで、処理スピードはそこそこでも、高い集中力でカバーすることができるようになり、入試での逆転につなげることができるのです。

よそ行きの「見直し」では意味がない

第1章でも話した通り、入試本番までに親子で練習を積んでほしいことのひとつに「見直し」があります。これは低学年から準備してもいいことです。

浜学園ではさまざまな模擬試験を行っていますが、テスト開始前に小1生や小2生の教室をのぞくと付き添いの保護者がたくさんいらっしゃいます。そこでお母さんがわが子に声をかけているのです。「わかってる？　ちゃんと見直ししなきゃダメよ」と。模擬試験の前には必ず目にする光景です。

母親にそう言われた子どもは「わかった。お母さん」と素直に答えます。でもそのときの子どもは、見直しの重要性に意識があるのではありません。そう答えないと母親が帰ってくれないから、そう答えているだけのことなのです。

そして試験が始まります。子どもたちはみな一生懸命に問題に向かい、一通り解き

終えたらまだ時間が余っています。そのときにふと思いだすのです。「そういえば、お母さんが、なんか見直ししなさいって言ってたな」と。子どもは見直しを始めます。その結果ミスも発見しますが、時に見直しをしたせいで本来正解していたものを消してしまうこともあるのです。答案が返ってきたら「×」がついています。子どもはショックです。「お母さんは『見直ししろ』と言ったけど、その通りに見直しをしたら間違った。どうしてくれるんだ！」と。見直しをしたせいでミスをした。その瞬間、子どものなかでは「見直し＝悪いこと」として置き換わってしまうのです。

試験前にわが子を心配するご両親の気持ちはわかりますが、自宅で一度も見直しを経験したことがなかったり、まだ見直しの習慣がついていない子どもに、試験のときだけ「見直しをしなさい」とは無茶な話です。

見直しの習慣がついていない子に見直しをさせるということは、普段の子どもとは違う「よそ行きの状態」で試験を受けさせるということになります。慣れない見直しの作業に子どもは動揺して試験中にいろいろなことが起こってきます。そんなよそ行きの状態で試験を受けても本来の力は発揮できませんし、それが模擬試験ではなく本番の入学試験だったら取り返しがつきません。

塾の授業も家庭学習も模擬試験もすべては「本番のための予行練習」ととらえてください。このみっつはバラバラにあるのではなくスパイラルにつながっているのです。

テストで正しい見直しをさせたかったら、日頃から家庭学習時にわが子が間違いそうな問題だけをチェックして、それをきちんと見直しさせるという習慣をつけていくことです。全部の問題を見直しさせると学習時間が倍に増え、子どもたちに負担をかけてしまいます。欲張らずに間違いそうな問題だけに絞ってください（正解の自信がない問題だけは、問題を解いたらノートの番号に印をつけさせる）。

見直しの作業に慣れてきたら、次は「時間」を意識することです。入試には「算数60分」とか「理科60分」というように制限時間が設けられています。子どもたちは限られた時間内で問題を解いて、答えを書き、見直しの作業まで終えなければいけません。家庭学習でも、決められた時間内で見直しまでを終えるということを意識してトレーニングしてほしいと思います。

一見些細なことのようですが、日頃からの小さな意識づけや習慣づけがすべて入試本番の子どもに現れます。よそ行きの状態ではなく「普段着のまま」でいるほうが、100％の力で入試に向かうことができるはずです。

なぜ「宿題」ではなく「課題」なのか

浜学園のテキストでは、演習の量を、あえて授業だけでは全部こなせない問題数で設定しています。教科による違いはありますが、およそ授業だけでこなせる量の2〜2・5倍。例えば算数の場合なら、授業で8問をやったら12問は残る（全部で20問）という感じです。国語であれば、文章題などは授業中に2題ほどしかできませんから、5題ほどの設定で3題くらいが残ります。

その残った問題を、子どもたちには家庭学習として自宅でやってもらいますが、このとき浜学園では「宿題」という言葉は使いません。似てはいますが、「課題」と呼びます。

なぜ、「宿題」ではなく、「課題」と呼ぶのか？

一番の理由は、「宿題」という言葉には、長年の学校教育で刷り込まれたイメージ

があるからです。

これは子どもだけに限りません。保護者の方でも、世間一般でも、「宿題」＝「こなすもの・埋めるもの」「楽しくないもの」「早く終わらせたいもの」というイメージを持っている人が少なくないでしょう。それゆえ、「宿題」という言葉を使うと、子どもが考える力を発揮することなく単にノートを埋めただけでも、保護者までもが「わが子は頑張っている」と満足してしまいがちなのです。

しかし、そのような家庭学習では、まったく力にはなりません。

本来「家庭学習」は、その日の授業を振り返り、それを定着させ、次のステップにつなげるための勉強時間です。

ところが、「宿題をこなすこと・埋めることが勉強である」という旧来のイメージで家庭学習をとらえてしまうと、家庭学習で最も大切な「定着」が疎かになり、その後の学力につながらなくなります。

浜学園の場合、授業→家庭学習→復習テストという流れが一連のカリキュラムになっていますが、家庭学習でしっかりとした学力の定着をはからないまま復習テストを受けていると、それは単にその時点での子どもの勉強処理能力の度合いを測るだけの

テストになってしまいます。復習テストは、その子ども自身を鍛えて学力を向上させるためにあるもので、家庭学習を疎かにして勉強処理能力だけが高くなっても、その子どもの学力は決して上がりません。

ゆえに浜学園では、固定イメージの強い「宿題」という言葉は使わず、あえて「課題」と区別して呼んでいるのです。

そこで、有効な家庭学習についてですが、「課題」のなかでわからない問題があってもかまいません。「その日の授業で教えてもらった内容プラス2～3割はできた。でも残りがわからなかった」。それでもいいのです。

完璧に「課題」をこなすことよりも、子どもは学校を終えて、塾に行って授業を受けて、家に帰っても勉強しているわけです。「何もしなかったら」30点ぐらいしかとれない復習テストを60点にしたことを褒めてほしいのです。

一方で、塾の授業に一切出なくてもテストで60点をとれてしまうような学力を持った子どもが、授業に出て、家庭学習をして、復習テストを受けたら60点だったとします。同じ60点でも、前者と後者の60点はまったく意味が違います。

後者の子どもは、「宿題」感覚で家庭学習をこなしているだけで、本気で勉強をし

ていないことになるからです。

例えば、浜学園の場合、「課題」に取り組むときには、「浜ノート」（後述）を使用することになっていますが、このノートには自己採点用に解答がついています。

本来、「課題」は自力で解かなければ「考える力」は身につかないわけですが、難しい問題にぶつかると解答を丸写しして、何事もなかったかのように自分で丸をつけて提出する子どもがいます。何も知らない講師は「よくできてるね」と褒めますが、なかには、すべての解答を写すようになる子どもも現れます。

しかし、自宅できちんと勉強していない彼らは、結局、復習テストで点がとれません。テストというものが、彼らの勉強姿勢を明らかにしてくれるわけです。

でも、私たち講師は、子どもたちが「課題」をやってこなくても叱りません。「課題」を怠けるズルさも、子どもの知恵のひとつです。怒る材料ではなく、「時間をかけて教育していく材料」になるということなのです。

ただ、同じ努力をするのであれば、自分の力になる実のある勉強をしてほしい。そのためにも、「宿題」という言葉に対する刷り込みや呪縛から解き放たれること。そこから本当に意味のある家庭学習が始まるのです。

勉強の基本となる「授業ノート」と「浜ノート」

浜学園に入塾すると、講師の解説や板書のスピードの速さにとまどう子どもも少なくありません。真面目に授業を聞いてもノートにきちんと残せなければ、塾で得た知恵や知識を自宅で復習して定着させることも、本番の試験で利用することも、なかなか難しいと思います。

勉強の基本となるノートのとり方やつくり方は塾によって指導が異なりますが、浜学園の場合には「授業ノート」と「浜ノート（家庭学習用の課題ノート）」の二種類があります。

「授業ノート」は子どもたちが授業中に使用するノートです。講師の板書を写したり、大事な話を記録したり、授業中に先生から指示された問題を解いたりするために使用します。

ノートの種類について、特に浜学園側からの指定はなく自由で、市販されている一般的な大学ノートを持ってくる子どももいますし、罫線のない無地のノートを使う子どももいます。

教科によっても使いやすさは違うと思いますが、算数に関して言えば、私は無地のノートをおすすめします。なぜなら、入試の解き方欄というのは、問題ごとに欄を分ける枠線こそあっても基本的には真っ白なスペースになっているからです。試験中は定規を使って図を描いている余裕はありませんから、そこにフリーハンドで線分図を描き込んだり、計算式を書いたりしていくわけです。従って、入試が近づいてくると、無地のノートを使いこなすことは、ひとつの大事なポイントになります。

罫線のあるノートの場合、フリーハンドで図を描くときにも横線はノートの罫線をなぞってまっすぐに引くことができます。しかし、無地のノートはそうはいきません。ゆがみますし、形も正確に描きにくいものです。日頃から無地のノートを使用することで、入試の解き方欄のようなフリースペースに書き慣れていくわけです。

一方、「浜ノート」というのは、家庭学習用の課題ノートのことです。浜学園のオリジナルで、子どもたちが授業で使用しているテキストとリンクしています。

浜ノートの特徴は、問題に対して「解き方はここに書く」「解答はここに書く」と解答欄が印刷指定されていることです。イメージにあるのは試験の解答用紙で、このノートを使用することで答案用紙を埋めていく感覚が得られるようになっています。

各教科の「授業ノート」の書き方と注意点

（「浜学園の公式見解集」より）

■国語

・縦書きで書く。（右側から書き始める）

・板書内容はできるだけそのまま写す。
（勝手に漢字→かな、かな→漢字に直したりしない）

・板書以外の大切な説明内容を書けるように、ノートの下か左端にスペースをとっても良い。

・色ペンは必要以上に多く使用しないこと。（赤・青の2色程度）

・余白は多めにとって、見やすいノート作成を心がける。
（1行間隔で空けても良い→訂正用、あるいはルビをふったりする時に使用する）

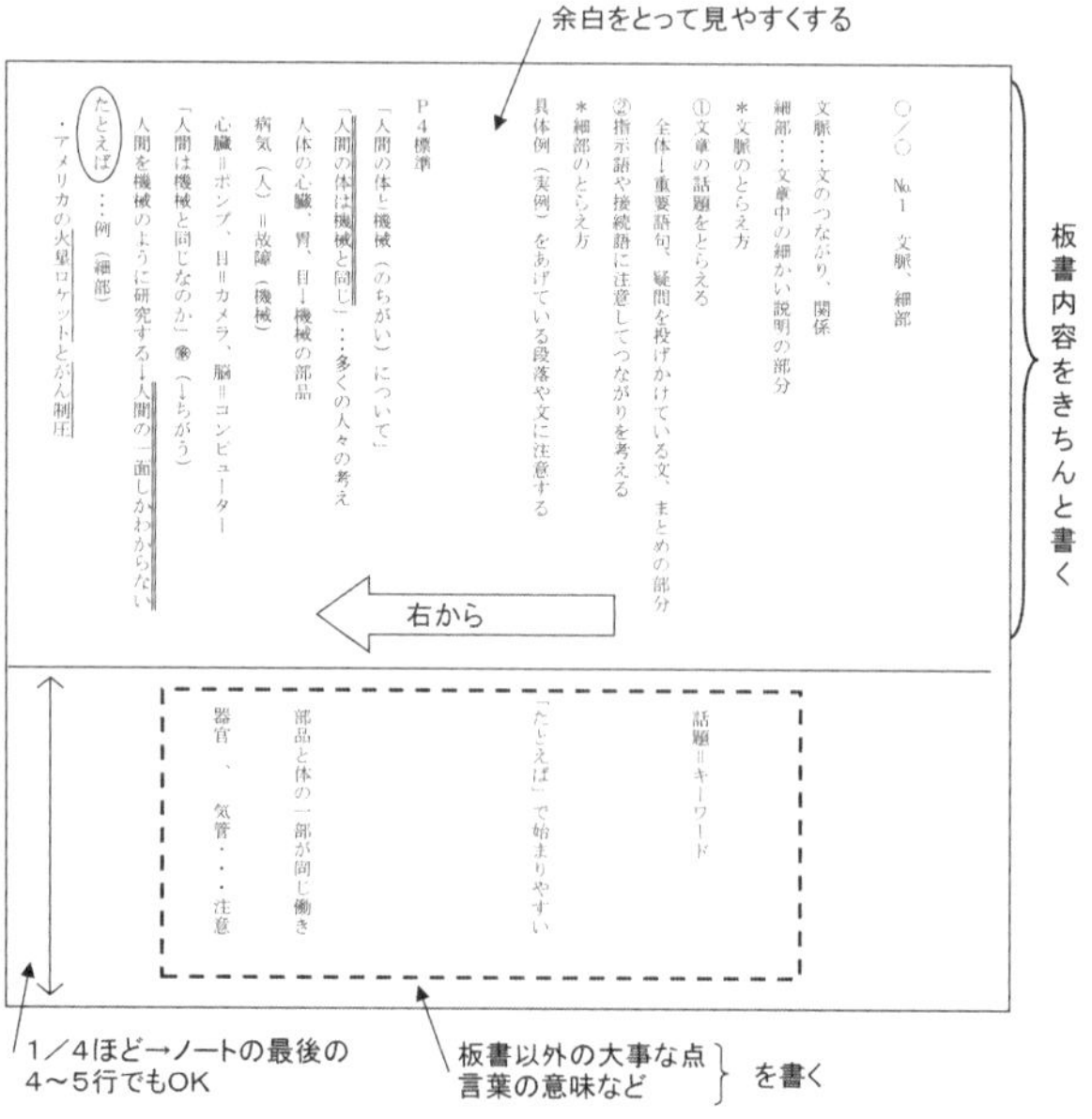

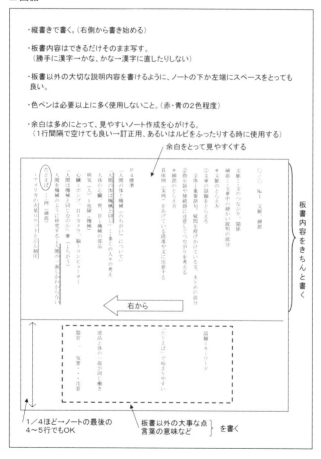

■ 算数

・展開図の頂点うち

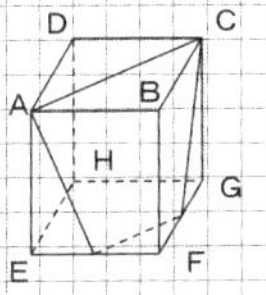

頂点の記号うち
↓
面が決まる
↓
模様をかく

ポイント

その1　組み立てたときにくっつく点は同じ

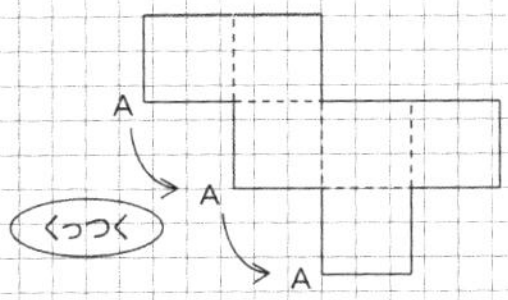

その2　一番遠い点は展開図の2面を横切る対角線の先

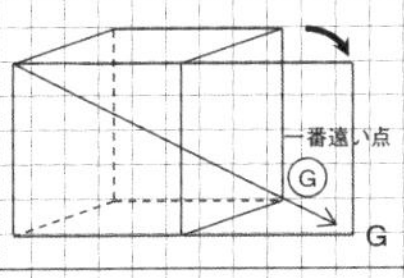

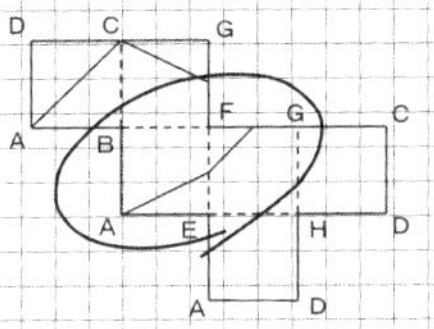

・適切な大きさでかく。
マス目や罫線はあくまでも目安 なので、気にしない。

・入試の際は空欄なので、徐々に 無地のところにもかけるように練習する。

・分数などは、

$\frac{1}{3}+\frac{1}{4}=\frac{7}{12}$　のように、

2行にまたがるように書く。

・自分で考えて解いたものが正解なら○をつける。

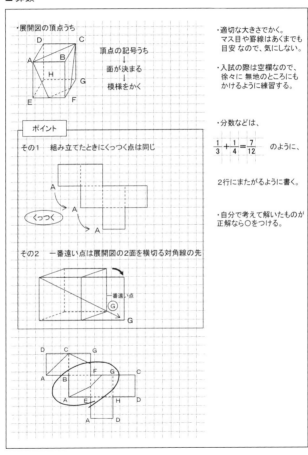

■社会

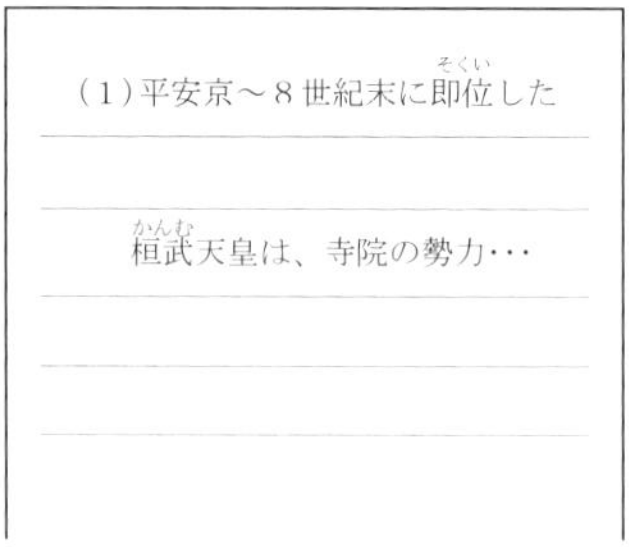

・ノートは1行空けて書くようにする。

社会科は難しい漢字などが出て来るので、ふりがなもつけられるように1行空けて書くようにするとよい。

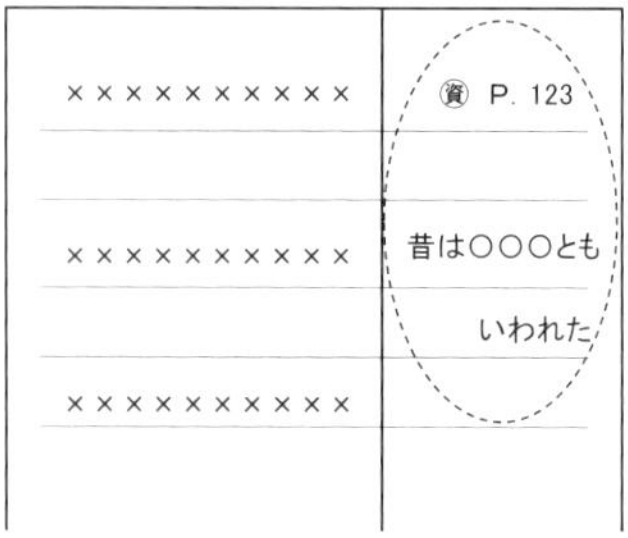

・黒板を写す場所の横にメモをとれる空間を空けて書くようにする。

の部分のように、参照した資料のページをひかえておいたり、先生が話したエピソードなどを書くようにするとよい。

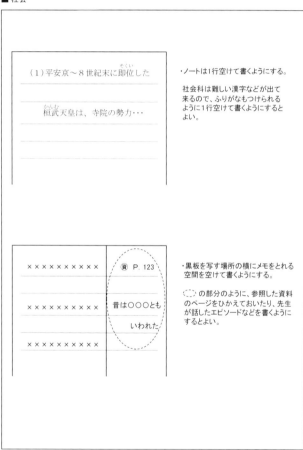

■理科

<黒　板> ※先生は黒板を分割して板書する。

○月△日(□)№7 こん虫のつくりと育ち方

1　こん虫のつくり

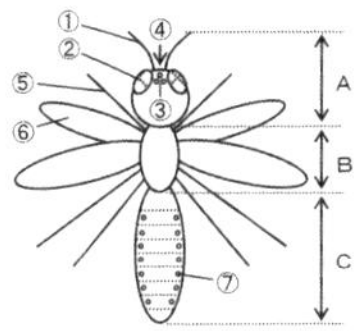

A 頭部
①しょっ角（2本）
味やにおいを感じるところ
②複眼（2個）
ものの色や形を感じるところ
③単眼（ふつう2～3個）
明るさを感じるところ

<ノートの写し方>

○月△日(□)№7 こん虫のつくりと育ち方 ← 学習単元はノートの先頭に書く。

1　こん虫のつくり

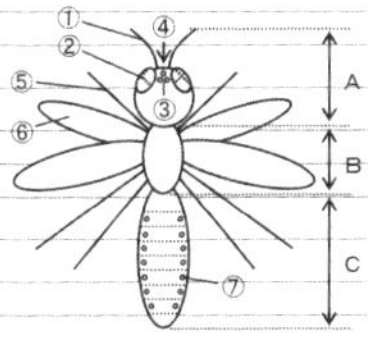

← 図・表・グラフは正確に大きく描く。（5行～10行ほど）

A 頭部 ← 大事な言葉には色をつけて強調する。
①しょっ角（2本）
味やにおいを感じるところ
②複眼（2個）　☆たくさんの個眼が集まってできてい ← 先生が口で説明したことをメモできるとさらに良い。
ものの色や形を感じるところ

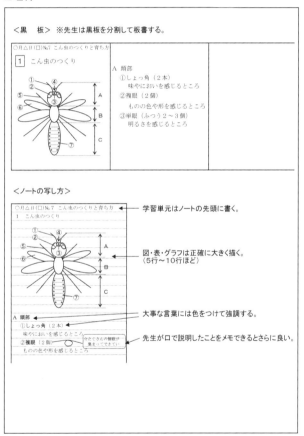

浜ノート（家庭学習用ノート）

■小6国語

■小6算数

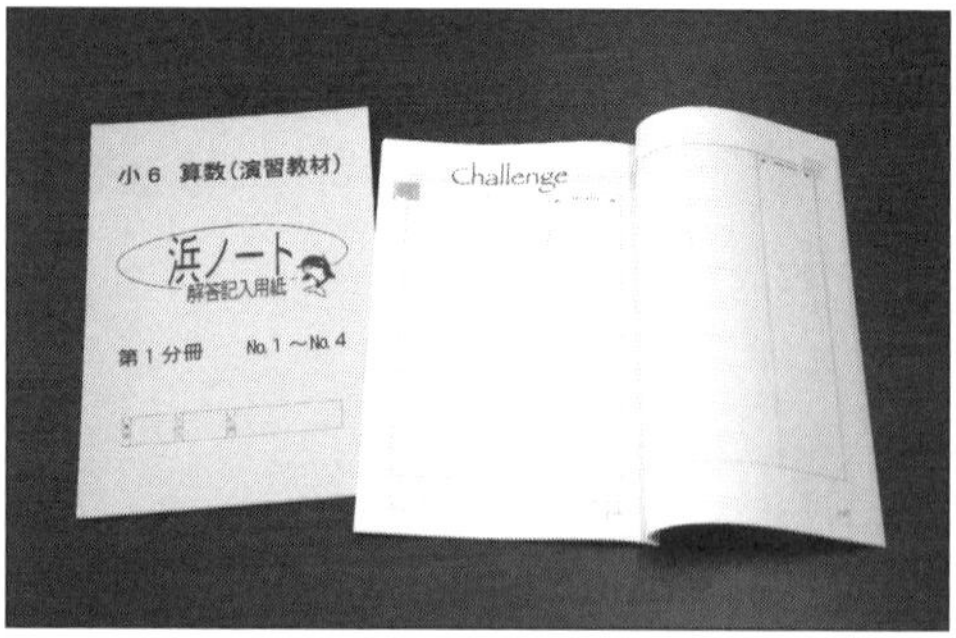

家庭学習をより行いやすくするための解答用紙形式。
答案作成能力をつける訓練になる。

「浜ノート」のメリット

「浜ノート」は、浜学園オリジナルで家庭学習用に指定している課題ノートですが、なかに解答欄を設けているのには理由があります。

「解答欄に答えを記入する」という行為ひとつをとっても、学年によっていろんな書き方のレベルがあります。例えば小3生や小4生の場合ですと、四角い枠があったら、書き始めのほうはやたら大きな字で書くわけです。当然スペースがなくなっていきますから、後半の文字は尻すぼみになる。線分図にしても同様です。3本を描くとしたら最初の線だけは余裕を持って描けますが、だんだん間が詰まってしまう……。できあがりはめちゃくちゃになります。

解答欄をバランスよく使うことは、テストの採点者に自分がそれまで勉強してきたことをきちんと伝えるためのテクニックでもあります。本番の入試でも役立ちますが、

市販のノートではスペースに際限がなく子どもが解答欄の感覚をつかむのは難しい。浜ノートはあらかじめ「スペースを制限」することで、その感覚を子どもにつかんでもらうための練習道具なのです。

もうひとつの役割は「時間を制限する」ということです。使用するときは必ず保護者に制限時間を指定してもらうようにお願いしています。例えば「問題1〜5番を16時〜16時30分」という具合に浜ノートの上部に書き込んでもらうのです。それともうひとつ、「課題を解いていてわからない問題があったら印をつけて飛ばしておき、残った時間でそのわからない問題に戻る」という習慣性をつけることも同時にお伝えしています。

多くの子どもたちは自宅で課題をするとき、1番から順番に問題を解いていきます。できる問題はすごいスピードで解きますが、わからない問題が出てくると「わからない」と悩んだり、解答を見たり、トイレに行ったりと寄り道を始めます。トイレに行ったあとにさらにリビングでお茶を飲み、それからやっと課題に戻るのです。

本番の入試で時間は待ってくれません。トイレに行くときは試験監督に申し出ますが、試験が中断することはなく、ほかのライバルたちは問題を解き続けています。浜

ノートを使った家庭学習を通して、実践的な時間感覚にも慣れてほしいのです。

課題の最中に、子どもがトイレに立ってもお茶を飲んでもかまいませんが、ご両親が決めた制限時間がきたら、必ずそこで終わりにします。そのうちに子どもはその時間内に課題を終わらせることに意識が向かうようになり、わからない問題がでてきたら自然と印をつけて飛ばし、自らスムーズに次の問題へと進むようになります。

優秀な子どもに意外と多いのですが、ノートを完璧に綺麗に書くことにこだわる子どもがいます。市販のノートの場合、「問題を飛ばすときはどのくらいのスペースを空けておけばいいの？」となりますが、解答欄が印刷指定されている浜ノートならば、彼らも迷うことなく飛ばせるわけです。

浜ノートのメリットは、家庭学習の状態が塾のテスト中に似ているということにあります。つまり学力をつけながら、同時に「限られた時間のなかで自分の力を発揮する能力を鍛える」ためのツールなのです。浜ノートは浜学園の専用ですが、この発想を家庭学習に取り入れていただけたらと思います。市販の問題集とノートでかまいません。保護者がノートに枠線を引いて、そこに問題の番号を振り、制限時間を決めて、あらかじめ解答欄をつくっておくのです。そうすることで低学年でも効率のいい勉強

時間が過ごせます。だらだらする時間が減り、子ども自身も自分の好きなことができる時間が増えるのです。

よく保護者から「制限時間をどれくらいにしたらいいかわからない」というご相談も受けますが、その場合は1～2週間ぐらい、かかった時間の記録をノートに残し、その時間の平均をとると、効率よく学力をつけるための問題演習の制限時間が算出できます。理想としてはその平均時間を0・9倍して少し短くすると、より処理能力は鍛えられ、テストで効果を発揮することは間違いありません。

自分だけの「難問集」をつくる

浜学園では毎回の授業のたびに「復習テスト」を行います。授業で勉強したことを自宅で浜ノートを使用しながら復習してもらい、その復習の成果を復習テストという形で確認するわけです。

しかし一生懸命勉強しても、復習テストでわからない問題、間違ってしまう問題というのはあります。そこでその「テスト直し」を行うわけですが、テスト直しをしてもやはり理解しきれない問題は残ります。子どもたちは講師に説明してもらったり、自宅で親に一生懸命教えてもらったりしますが、それとは別にそのテスト直しをしても自分が理解しきれなかった問題だけをまとめておくのが「難問集」です。難問集のつくり方はとてもシンプルです。市販のノートを購入して、ページの表に自分がテスト直しをしても解けなかった問題を貼り、そのページの裏に解答と解説を書いた紙を

貼ります（111ページ参照）。

復習テストや模擬試験でテスト直しをするたびにこれを続けていき、難問をファイルしておきます。そして夏休みや学期の節目などまとまった時間のあるときに振り返ります。難問集を使って自分の積み残した問題に再チャレンジするのです。

つまり、難問集とは「自分だけがわからない問題をまとめた問題集」です。

夏休みに書店へ行って「僕だけがわからない問題ばかりが載っている問題集はありませんか？」と尋ねても、これはありません。それならば自分でつくってしまえばいいのです。ただし本当に解けなかった問題だけを貼りますから、年に1～2冊が目安です。

難問集は入試直前のチェックにも役立ちます。

小6生になると、「過去問」と呼ばれる過去に受験校で出題された入試問題集を解くことになりますが、入試直前に過去問を解き直すことが本番の入試で有効かというと実はそうでもないのです。もちろん受験校の傾向に慣れておくために過去問を解くことは必要ですが、入試本番の前日に子どもの現時点での学力を上げる問題が1年分の過去問のなかに何割あるかと考えたら、おそらく1割もありません。

それよりも、難問集を使い、過去問も含めて直近1ヵ月ぐらいのあいだに自分が解けなかった問題を、まとめて振り返ったほうが有効なのです。

それも、解答を見てもまったくわからない問題は優先順位があとになります。入試前日に、あともう少しで解けそうな難問を1問でも多く解いて、その経験を翌日の入試に生かす準備ができる受験生が、効率よく第一志望校に合格していくのです。そこで私は受験生に、入試1ヵ月前にする受験勉強は「入試前日に解く問題のノートをつくること」であるという話をよくするのです。

「難問集」のつくり方

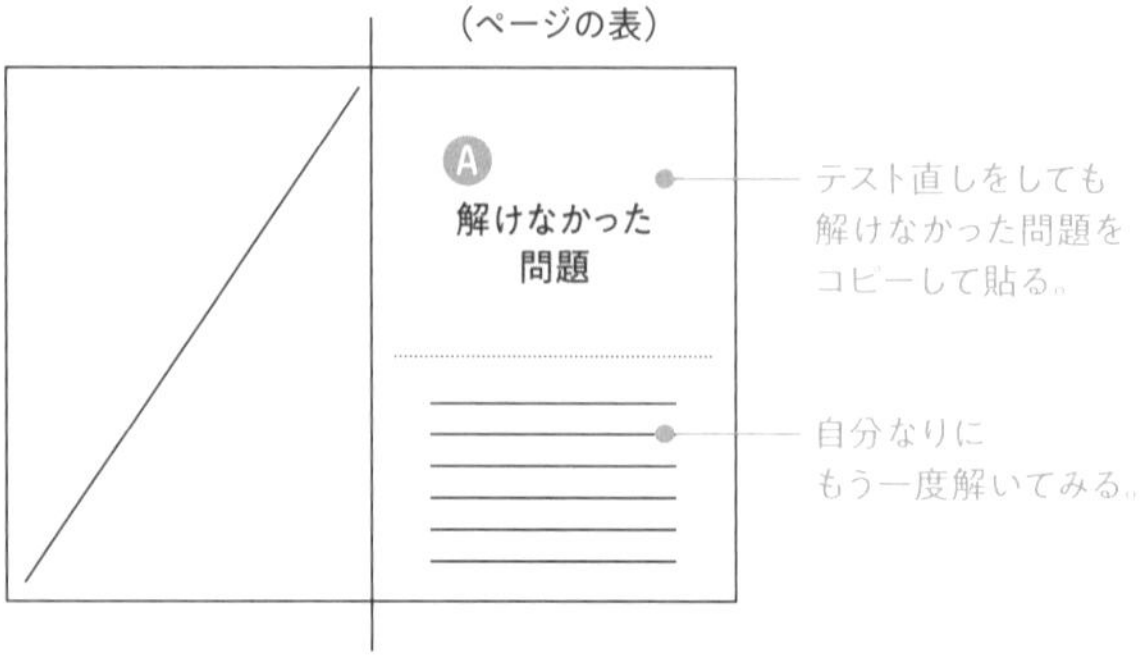

(ページの表)
A
解けなかった
問題
テスト直しをしても
解けなかった問題を
コピーして貼る。
自分なりに
もう一度解いてみる。

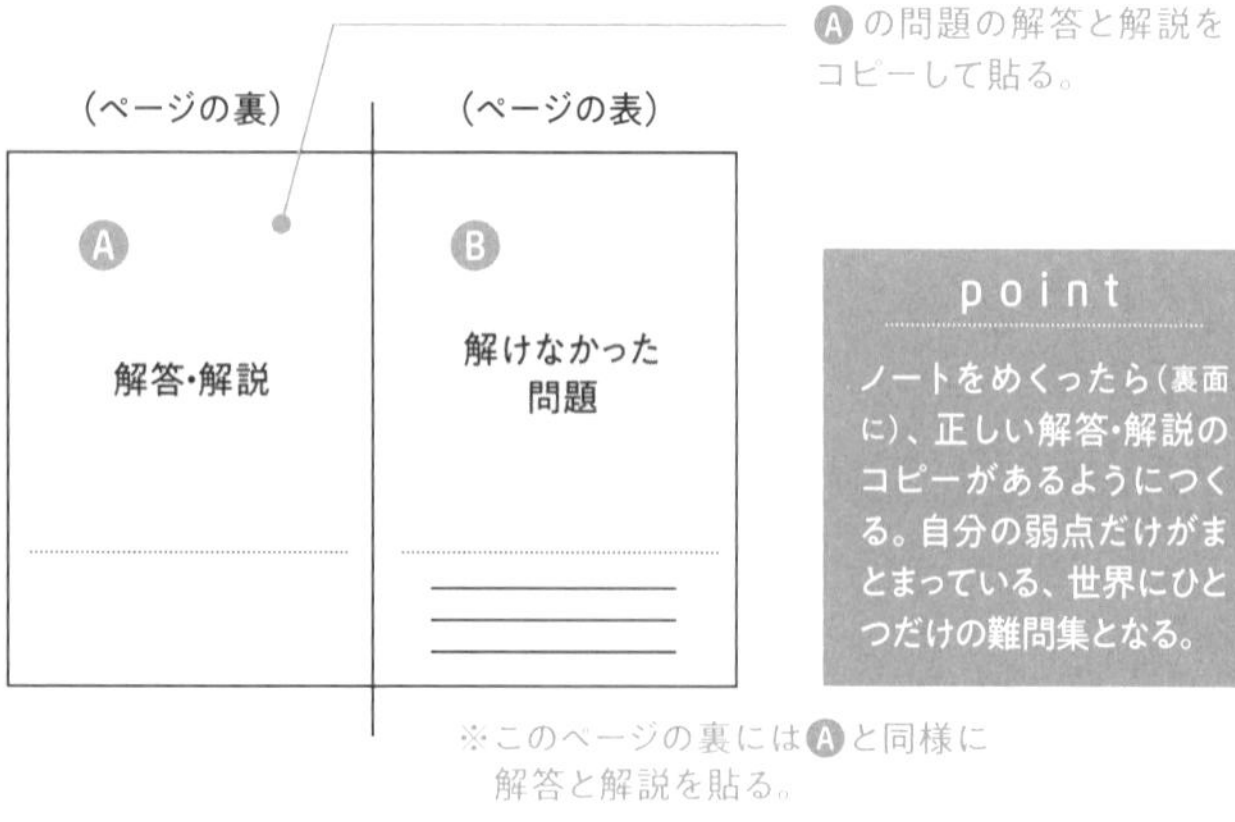

Aの問題の解答と解説を
コピーして貼る。
(ページの裏)
(ページの表)
A
解答・解説
B
解けなかった
問題
※このページの裏にはAと同様に
解答と解説を貼る。

point

ノートをめくったら(裏面に)、正しい解答・解説のコピーがあるようにつくる。自分の弱点だけがまとまっている、世界にひとつだけの難問集となる。

同じ間違いを防ぐための「ミスパターンノート」

先に述べたように入試シーズンが終わると浜学園では合格した子どもたちに来塾してもらい、新小6生を前に先輩からのメッセージを伝えてもらうイベントを行っています。合格者にはおのおのが大切にしてきた受験グッズを持参してもらいますが、そこで必ず登場するのが「ミスパターンノート」です。

子どもたちがテストで「×」をもらう場合、問題が難しすぎてどんなに考えても解けないこともあれば、問題の読み間違いや筆算の数字の書き方があいまいだったために正答できなかったというケースもあります。

いずれも間違いですが、難しすぎて問題が解けなかったものは難問集として整理し、単純な読み間違いや数字の書き間違いなど、自分の不注意によるミスをチェックするためにつくるのが「ミスパターンノート」です。

これもつくり方は簡単です。携帯しやすいように市販のB6サイズのノートを使用し、表ページに自分がミスした問題とミスした自分の答えを、その裏ページに解答・解説とケアレスミスのポイントを書いて貼ります。難問集は「解答・解説」だけを貼りますが、ミスパターンノートは「ミスした自分の答え」もそのまま貼るのが特徴です。といっても、すべての間違いを貼るのではなく、自分自身で衝撃を受けたミスを貼っておくのです。

いわば「自分だけのケアレスミスまとめ集」といった、ミスの日記のようなものですが、不注意によるミスというのはその子どもによって癖があるものです。自分が間違えたものをノートに貼って客観的に眺めることで、本人もその癖を知ることになりますし、「同じミスをしない」という意識づけになるのです。

そのミスパターンノートを模擬試験や入試の朝にサーッと見直します。解き直すのではなく、ただノートに目を通すのです。速い子どもであればノート1冊分を2~3分でチェックしますが、「あ、3月の公開学力テストのときは、半径と直径を間違えたな」とか「太郎くんの持っていたお金を求めるところを、花子さんの持っていたお金を求めてしまった」とか「単位換算でメートルとセンチメートルを読

み間違えた」など、「かつて自分がこうミスした」ということを振り返るわけです。

不注意によるミスというのは常時頭に留めておくのは難しいものです。模擬試験や入試当日の朝に、過去のミスの日記に目を通すという作業は、その日のテスト中のミスに対する意識をかなり高くしてくれる効果があります。ただその効果は何日ももたないので、大切なテスト前に毎回見ることがポイントになるのです。

例えば8月に受けた模擬試験の記憶を、翌年1月の入試本番まで鮮明にしておくことはできません。ノートに記録しておくのはそのためですが、それを試験当日の朝にあらためて見ることで気分も引き締まりますし、試験中に問題を読む集中力も高くなります。

また、ミスには二種類あるということも、受験生によく話します。ひとつは先ほども出てきた単純なミス。合格者だけでなく受験生の大多数が正解している問題をミスしてしまいます。本番の入試でこのようなミスをゼロにすることは本当に大事なことです。

一方で、問題作成者が受験生に罠を仕掛けた問題に、スッポリはまってしまうようなミスがあります。このようなミスは合格者も含めて受験生の多くが引っかかってし

まったミスなので、ミスパターンノートでは特に目立つ色で印をつけて、テスト当日には引っかからないように確認しておくことが重要になります。

入試が終わり、新小6生を前にしたイベントで、合格者たちが披露したミスパターンノートは、どれもボロボロでした。擦り切れてボロボロになるまで眺めたミスパターンノートこそ「財産だ」と彼らは言います。今日のミスは未来の合格を招くのです。

「ミスパターンノート」のつくり方

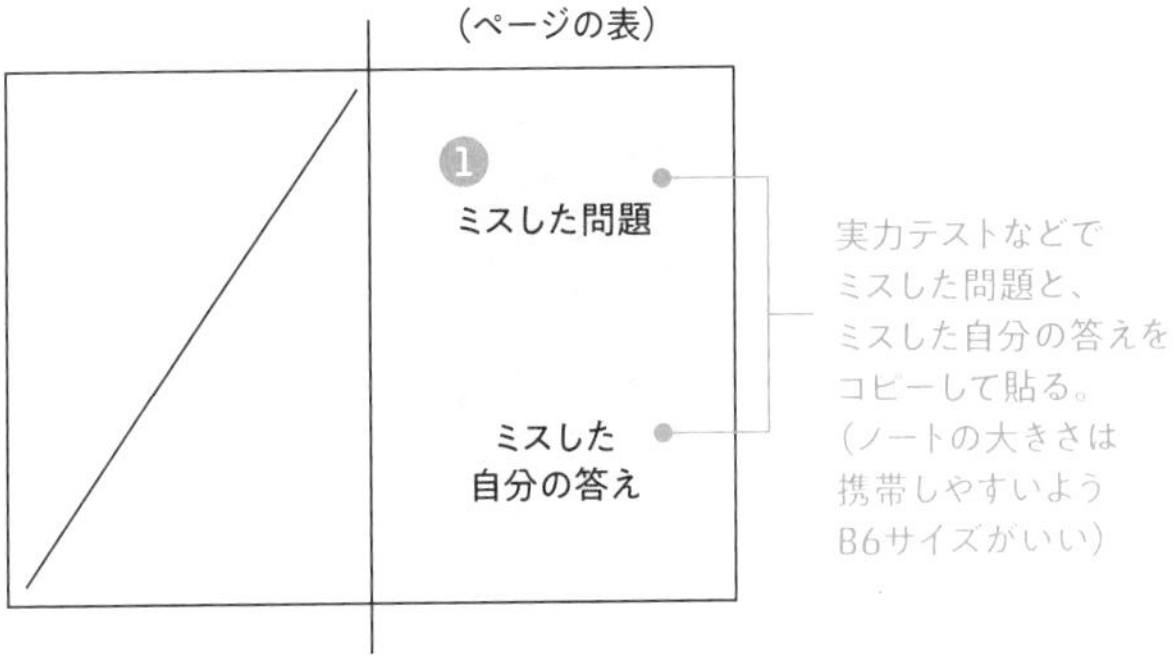

（ページの表）

ミスした問題
ミスした
自分の答え
実力テストなどで
ミスした問題と、
ミスした自分の答えを

（ノートの大きさは
携帯しやすいよう
B6サイズがいい）

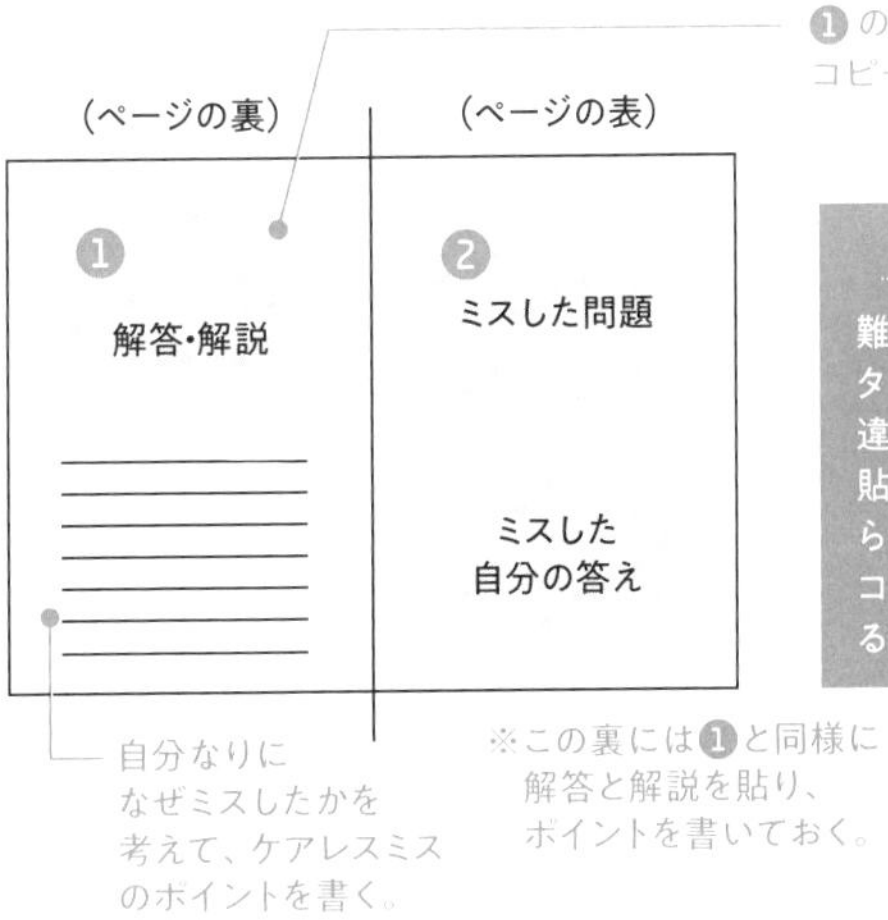
1 の解答・解説を
コピーして貼る。

（ページの裏）
（ページの表）

2
ミスした問題
ミスした
自分の答え
自分なりに
なぜミスしたかを
考えて、ケアレスミス
のポイントを書く。
※この裏には1と同様に
解答と解説を貼り、
ポイントを書いておく。

point

難問集と違って、ミスパターンノートでは、間違った答えもコピーして貼る。ノートをめくったら（裏面に）、解答・解説のコピーがあるようにつくるのは、難問集と同じ。

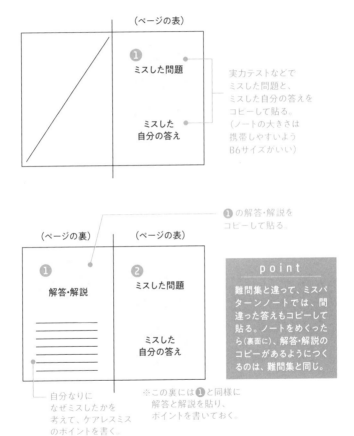

苦手をなくす「弱点対策ノート」

入試本番で合格を勝ちとるためには、塾などで学んだ新しい知識や知恵をしっかりと吸収し、復習によって定着させて基礎となる学力を引き上げたうえで、試験のときに自分の不利となる部分や不得手な部分を丁寧に潰しておかなければなりません。なぜなら入試では1点、2点のわずかな差が合否を分けることになるからです。

「難問集」や「ミスパターンノート」は自分の不得手を減らすための道具ですが、さらにもうひとつ「弱点対策ノート（独自のベスト10問題集）」というものがあります。

子どもはそれぞれ「自分の弱い分野」を持っています。浜学園には過去の模擬試験の成績をもとにした弱点評価表というデータがありますが、それを見ると「この子どもは立体図形が弱い」とか「カレンダーや日数計算が弱い」「場合の数が弱い」と、苦手な単元が浮かび上がってくるのです。

その自分の苦手な単元の授業で「講師の導入説明がとてもわかりやすかった」「難問の解説がすごくよくわかった」という「問題と解答」を、抜粋して貼っておくのが「弱点対策ノート」です。使用するのは市販のノートで、別名「独自のベスト10問題集」とも呼ばれますが、10問もなければベスト3やベスト5でかまいません。例えば立体図形に弱い子どもであれば「自分の弱点立体図形ベスト○」という具合です。

もしも「立体図形も日数計算も場合の数も全部弱い……」という場合は欲張らず、子どもの過去半年分くらいの模擬試験結果をチェックして「最も間違いの多い単元（分野）」ひとつに絞って作成してください。その単元がある程度卒業できたら、次に気になる単元の弱点対策ノートをつくればいいのです。子どもたちがいつでも手軽に見られることが大事なので、1教科につき1冊、多くて2冊が目安です。それを入試や模擬試験などのテストの前に必ず眺めるのです。浜学園生の場合、授業ノート、ミスパターンノート、弱点対策ノートは常にカバンに入っています。弱点対策ノートの効果はそれまで苦手だった単元にポジティブな気持ちがわいてくることです。自信のあるパターンをひとつかふたつ持つと、その単元を見たときの最初の印象が変わってきます。「苦手」に前向きに向かうための1冊となるのです。

「弱点対策」ノートのつくり方

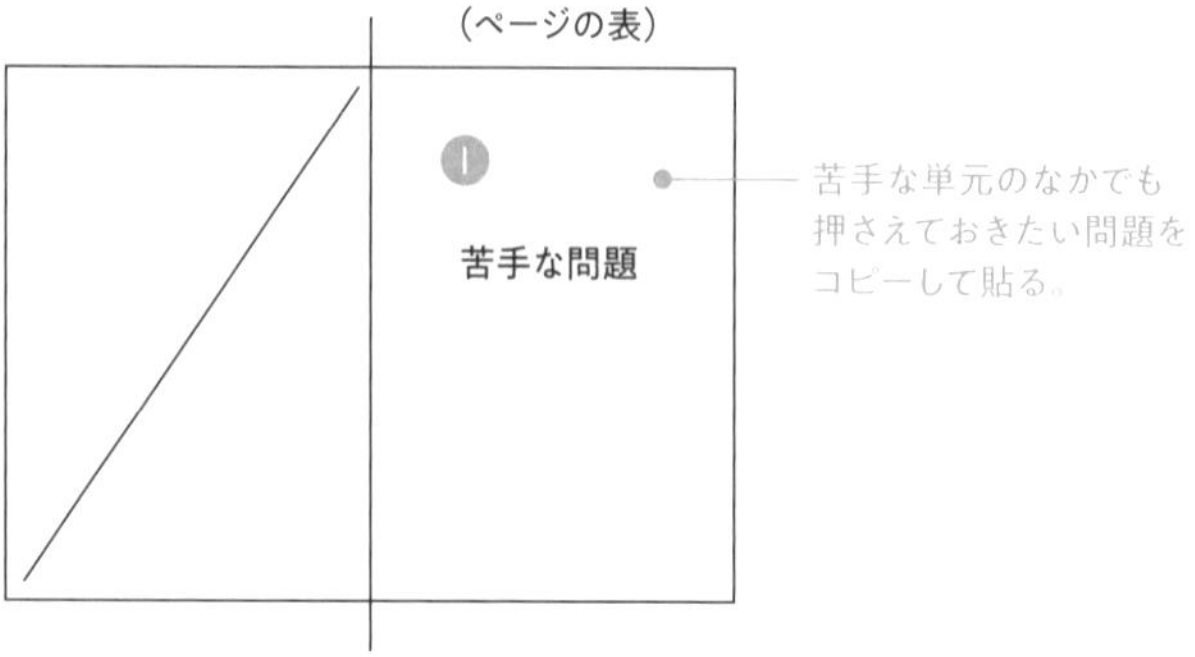

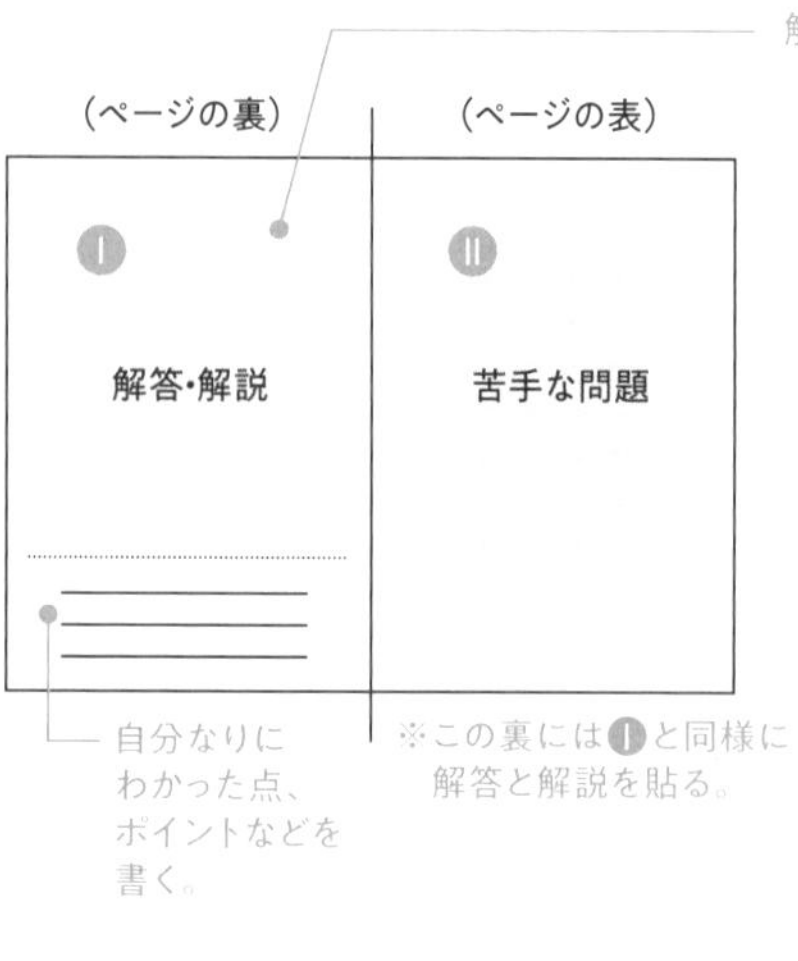
解答・解説をコピーして貼る。

point

弱点単元のなかから自分でよくわかった「ベスト10の問題」を選び、テストの前に集中して見直せる問題集をつくる。日頃の模試はもちろん、入試本番の前にも見直すことで、弱点単元であっても基本的な問題は落とさなくなる。別名「独自のベスト10問題集」。

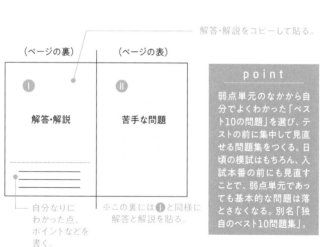

復習の実践方法

第1章で述べたように、勉強を定着させるには復習することが大切です。

そのため浜学園では子どもたちに予習を一切せずに授業を受けてもらい、その内容を、家庭学習で浜ノートを使って復習させ、次の授業で復習テストを受けてもらいます。さらにそのテスト直しという形で再び復習するというのが基本サイクルです。

順番に説明していきましょう。

浜学園ではまず、通常授業で単元の本質をしっかりと徹底的に教え、その内容を自宅に持ち帰り、復習という形で家庭学習をしてもらいます。授業中、講師は子どもたちが自宅で復習する際に「考えるヒント」となるような知恵をちりばめています。それをもとに、彼らは一人、自宅で精一杯取り組むわけです。

家庭学習はその日の授業ノートを見返すことから始めます。算数や理科なら授業中

に講師と解いた問題をもう一度見直す、社会にも大切なポイントがありますし、国語ならば文章も読んで、自分がその日の授業でノートに写した板書を見返して「思いだす時間」をつくるのです。

復習で難しいのは、同じクラスの子どもでもそれぞれに得意・不得意があること、そして、一個人であっても日によって熱の入り方が違う点です。その日は天気が悪くて、なんとなく頭がぼんやりして授業があまり聞けていないということもあれば、授業がすごく面白くて集中していた、という日もあります。

ですから、授業ノートの振り返りには長時間を費やさず、塾の授業時間の半分〜3分の1くらいの時間で十分です。一度授業で聞いている内容ですし、講師が「ここが大事だ！」といった重要ポイント、自分がわかりにくかったところだけを確認します。高学年で速い子どもならば5〜10分でサッと終えます。

それから家庭学習のメインとなる課題に入ります。浜学園のテキストは「テーマ」「やさしいもんだい」「むずかしいもんだい」「チャレンジもんだい」という構成で（小2生、小3生のテキスト）、算数ならばひとつの単元につき20問ほどが載っています。そのうち授業ではおのおの2問ずつくらい計8問ほどを消化するので、残る12問が子ど

もたちの課題です。このとき浜ノートを使用します。子どもたちは慣れるまでは保護者に「制限時間」を決めてもらい、浜ノートの上に「1～10番を17～18時」というように書き込み、問題に実践的に取り組みます。制限時間がきたら、たとえ空欄があっても、子どもたちが悩んでいても、絶対に終了です。

そして自分で採点をさせ、間違えた問題はもう一度頑張って直しをさせるのです。これを繰り返すことが自宅での基本的な復習方法になります。

翌週には復習テストを行います。授業は二部構成になっており、復習テストを受けてから、次の講義が始まるという流れです。

復習テストの採点にも二段階あり、最初は隣に座っている子ども同士で交換をして採点します。その日一番高得点だった生徒には〝ベスト〟の称号が与えられますが、子ども同士の相互採点ですから間違いも出てきます。よって最後は講師が回収して1週間後に青ペンで正しく採点し直したものを返却し、子どもたちは自宅でその直しをするというサイクルです。これが浜学園の「わかる（授業で講師が導入）・できる（自分自身で自宅で演習する）・正解する（復習テストで成果を得る）」という三段構えの指導システムなのです。

まだ幼くて塾に通っていない場合でも、家で問題集に取り組んだ1週間後に、その一部の問題に再び取り組ませて学力が定着しているかどうかチェックし、再度間違えた問題はもう一度やり直しさせるという方法を行えば、必ず力がついてきます。

自宅で頑張った分、子どもたちはみな復習テストで力を発揮しようとしますが、もちろんうまくいかないこともあります。ただ、その繰り返しの蓄積が、後に灘中を筆頭とした最難関中に合格するための学力の礎となるので、うまく励まして持続させてほしいものです。

実は子ども同士による相互採点にも意味があります。相手の答案を丸つけしながら自分の答案と比較することで、「この子はこの部分をきちんと理解して正解しているな」とか「自分はきちんと勉強しておいてよかったな」といった、いろいろな気づきがあるわけです。これも「学びの器」につながる大事な感性なのです。

「いつでも正解する」というステージに

ところで、最難関中入試を考えると、復習サイクルにはさらにもう一段階のステージが必要となります。

それは、1週間後の復習テストで高得点をとるだけでなく、「3ヵ月後や半年後までしっかりと解き方を覚えている」「実力テストなどでいつでもその問題を正解できる」という段階です。

浜学園では、小6生の講座に、復習テストと実力テストの2本のテストを準備しているものがあります。

復習テストは、テストの1週間前、前日、または当日にしっかり勉強すれば、高得点がとれます。あるいは、同じ単元の問題ばかりが出るので、高得点がとりやすいということもあります。

ただそれだけではなく、定期的に行われる実力テストなどで、3ヵ月前や半年前に習ったことをテスト時間中に頭の引き出しからうまく取りだし、短時間で正解する練習を積むことが必要で、そのような指導方針が多くの灘中合格者を生みだしていると言っても過言ではありません。

従って、前項の三段構えにもう一段階加えて、「わかる→できる→正解する→洗練する（いつでも正解する）」の四段構えの指導システムで勉強してもらうのです。

浜学園では、学力をつける強みとして、小1生の6月から毎月1回「公開学力テスト」と称して実力テストを実施しています。

小学生にとって実力テストと言われる「範囲なしテスト」は、対応が難しく、安定して好成績をとることが非常に難しいものなのです。このような実力テストに幼いときから避けずに取り組んでいくことによって、高学年になると、日々の勉強の取り組み姿勢が、復習テストだけでなく実力テストにもつながる勉強方法になっていくのです。そして、この実力テストの積み重ねが、浜学園の中学入試における合格実績を生みだす源になっているのです。

得意科目が突出している凸凹タイプと平均的優等生タイプ

中学入試の段階で最難関中を狙う学力がついている子どもには、大きく分けてふたつのタイプがあります。弱点はあるけれど自分の得意科目が突出して強い「凸凹タイプ」と、どの教科もまんべんなくこなす「平均的優等生タイプ」です。しかしいずれも長所もあれば短所もあります。能力を上手に伸ばすにはおのおのの個性に合った指導が必要なのです。

凸凹タイプの場合、例えば算数に強い子どもだと、みんなが10分かけてやっと解答する問題を、2～3分で解いてしまったりします。一方で得意科目と不得意科目の差が激しく、親としては弱点を潰してまんべんなく成績を引き上げたいと考えます。

そのとき周囲の大人が間違えやすいのが、凸凹タイプの子の弱点を潰そうとして中学生・高校生レベルと同じような指導をしてしまうことです。その最たるものが単語

帳ですが、まるで中学生・高校生の定期テスト対策のようなテクニック論を教えてしまいます。しかし相手はまだ小学生です。本人自身の弱点に対する意識や、受験に対する考え方が未熟なのですから、大人の思考で「こうやったらうまくいくよ」とすすめてもうまくいかないことがよくあります。すぐに単語帳はカバンの下のほうでグチャグチャになり、使えなくなるのがオチです。

凸凹タイプの弱点対策というのは、やんわりと教育していかない限り、なかなか難しいものです。入試の戦略としては弱点を潰すことを考えるよりも、いま突出している才能がさらに飛び抜けるように努力したほうが有効なのです。その子どもの飛び抜けた才能を活性化させながら、ちょっとずつ弱点の穴を埋めていくことが大切です。

先ほどの単語帳の使い方で言うと、語句の知識が不足している子どもが1〜2週間でも取り組んだ単語帳があれば、その範囲でテストに出た正解例を探して、本人に効果があることをわからせることが大事です。

そして本人が、少しでも自分から本気で弱点の穴を埋めようとし始めたら、きっと本番の入試では突出した得意科目・単元で点数を稼ぎ弱点部分の帳尻を合わせ、合格することができるのです。

一方の平均的優等生タイプというのは、凸凹タイプのように突出した得意科目・単元はないけれど、自分が習ったことに忠実で、不得意なことでもほかの子どもが2回見直すところを3回は見直し、そつなく丁寧に学力を積み上げていくので、当然点数はとれます。このタイプの子は浜学園でも復習テストに非常に強いのです。

しかし、平均的優等生タイプのウィークポイントは「この問題はちょっと難しいからやめておこうかな」とか「○○中学の問題はできるからやろう」という具合に、新しいものに挑まず、安全な形で勉強に入ってしまうことです。指導者から「この難問をやってごらん」と急に新しいものを振られると、途端に勉強が嫌になってしまいます。それでももともとの勉強スタイルが手堅いので、学力は高くなりますが、挑むことなく守りを続けていると、あるところで少しずつ伸びが止まっていきます。

でも、彼、彼女たちは新しいことに対して弱いわけではないのです。これは習慣性の問題で、新しいことに向き合ったり、考えようとしたりする「意欲を育てる」勉強の時間が少ないだけなのです。

このタイプの子どもは、時には平均点の低い実力テスト中に、急に自信をなくすこともあります。普段であれば十分に正解できる問題まで難しく見えてしまい、いつも

の順位や偏差値よりもかなり低くなることがあるかもしれませんが、心配はいりません。本人にこれからの受験勉強に「自信をなくしてしまう瞬間にも自分の学力を出せるような取り組み」を入れていくようにアドバイスしていきましょう。家庭学習においても超難問に時間を決めてトライするようになれば、本来持っている安定した学力が常に出せるようになっていきます。

そのウィークポイントを補強するには、模擬試験のなかでも約2800名が受験する、小6生の公開学力テストのような正規分布の幅が広いテストで結果を積み上げていき、そのなかで現れてくる「自分の得意」をひとつずつ確実に強みにしていくことです。たとえ超難問が解けなくても、灘中など最難関中受験の学力として、十分に通用するようになっていきます。

指導者から見ると凸凹タイプも平均的優等生タイプも、どちらも魅力的です。強みを徹底的に伸ばして、弱点を嘆くのではなく弱点とうまくつき合っていけるようになればいいのです。

ノートを汚したくない受験生

高学年になるとノートの使い方に違いが現れ始めますが、なかでも印象的なのが「授業ノート」の変化です。

小5生ぐらいになると、授業中に「はい、問題やって」と講師が号令をかけても、ノートにあまり書かない子どもが出てきます。

理由を尋ねると「消しゴムを使うとノートが汚くなるから」と答えます。その子どもたちの主張はとてもシンプルです。そして授業中にノートを使って問題を解かない代わりに「家で何度もやり直してくる」とか「復習テストは頑張るから」と言うのです。

もちろん授業中ですからその子どもたちも頭のなかで考えたり、テキストの端に薄くメモをとったりはします。ただノートは汚したくないのです。10～12歳という年齢

は精神的にも肉体的にも小学生から中学生への変化の時期ではありますが、その子どもたちのなかにはきっちりと完璧な美しいノートをつくって、それをちゃんとした教材のようにして勉強したいという強い思いがあるのです。

そういうときに私はノートの真ん中に線を引き、板書を左に、自分の解き方を右に書くよう子どもたちに指導します。その方法に納得して書くようになる子どももいますし、こだわりを捨てない子どももいます。

しかし、子どもたちがノートを汚したくないという大前提には「自分がその問題を間違えるかもしれない」という危機予測があるのです。

小6生になって算数の上位層内で差がぐっと開いてくるのは、そこにひとつの要素があります。算数の超難問を解くときというのは、頭にひらめいたことを、いわば走り書きしながら、消しゴムを使う余裕もなく、ノートの空いているところをどんどん使って解いていくものです。定規で線を引いたり、マーカーで縁取ったり、綺麗な字面、綺麗なレイアウトなどにこだわっていては解けないのです。それよりも板書を速く写し、講師が「問題やって」と言ったらすぐに解き、間違えたら堂々と「×」をつけておく。「自分はこういうふうに考えて解いたけれど、間違いだった。でもこの軌

跡も財産だ」と。こういう勉強の姿勢が算数の学力を引き上げていくのです。

ですが、綺麗なノートにこだわりのある時期に、それを真正面から否定してはいけません。その子どものいまの学力の礎は、ノートを丁寧に書くということでつくられている部分が多分にあるからです。

それでも、小6生に進級して入試を控えて効率よく勉強をしようと思ったら、そんな〝見た目〟を気にしている場合ではないというのも事実です。ご両親は時期を見計らい、「ノートっていうのは効率的に書いたらいいんじゃない?」「授業を聞きながらノートを書いて、あとから見たときに自分でわかるぐらいの字で十分じゃない?」と、タイムリーに子どもに声をかけていただけたらと思います。

また、授業中・家庭学習中のノートの字とテストの字がほぼ同じであるということは、受験生にとって、効率よく勉強できているという証拠にもなります。この場合、普段の勉強が「よそ行き」になっていないことを示しているからです。

間違うことを恐れず「トライ精神」を持って

同じ小6生であっても精神年齢の高いタイプの子どもというのは、3回に1回程度の自分のミスを省みる心を持っています。普通の小学生ならその程度のミスはすぐに忘れてしまいますが、精神年齢の高いタイプは、それを忘れずに自宅でもう1回勉強し直し、間違えたらもう1回、さらにもう1回と繰り返すことで、自分の知識や解法パターンにしていくわけです。その勉強姿勢はとても素晴らしいことですが、常にミスの反省や失敗の不安から勉強を続けていると、受験に必要な「トライ精神」が薄くなってしまうことがあり、注意が必要です。

小学生の場合、授業中に問題を解くという実践的学習法がとても大事ですが、精神年齢の高いタイプの子どもは失敗を恐れてそこを回避し、勉強に対して構えてしまいがちです。実践の機会が少なくなると、算数の難問や超難問についていくペースがど

うしても遅くなってしまいます。それでは本番の入試を乗り切れません。

例えば、浜学園の小6生の最高レベル特訓のクラスになると、それまでテキストにあった「テーマ（例題）」部分がなくなります。小5生までは1問目の、本当に易しい問題から始まり、徐々に難度が上がっていたものが、小6生では最初の1問目からいきなり一番難しい問題が登場したり、その後もすべて難問が並んだり、というレベルに変わります。テキストよりも解答集のほうが2〜3倍も分厚いのですから、それだけ解説が必要な難問、超難問であるということで、これをこなすのは本当に大変です。

そのなかでせめて最初の問題だけでも解けるように、授業ではああでもないこうでもないと、自分で考えるという「試行錯誤」を練習します。

塾というのは実践と練習の場です。練習ですから、間違えることは何も恥ずかしいことではありません。そのミスは本番の入試で必ず財産になるはずです。だから子どもたちには間違うことを恐れずに、前向きなトライ精神で問題にぶつかってほしいのです。構えて勉強するということは、せっかく塾に通っていても「よそ行き」の状態の授業になってしまうということです。ミスを省みることも、繰り返し慎重に復習することもとても大切ですが、そこにトライ精神が加われば怖いものはないのです。

コラム

関西の最難関中入試は算数が左右する

関東と関西の中学入試の違いをお話しするとき、私がよく例に挙げるのが「算数オリンピック大会」です。

算数オリンピックはフィールズ賞を受賞した数学者・広中平祐先生によって提唱され、1992年から毎年開催されています。学習の進度や受験の目安をはかるためのテストではなく、小・中学生の才能発現の場となることを目的に、国境・言語・人種の壁を越えて、地球上すべての子どもたちが算数という万国共通の種目で「思考力と独創性」を競い合う大会です。小5生以下は「ジュニア算数オリンピック大会」か「算数オリンピック大会」のいずれかを選択でき、小6生になると「算数オリンピック大会」に参加することになります。また、小1生~小3生を対象とした「キッズBEE大会」もあります。

その結果を見ると、小5生までは参加人数の差もありますが予選通過者数や入賞者数は圧倒的に関東勢が多い。ところが、小6生だけは、ぐっと関西の子どもたちが増え、金メダルや銀メダル、銅メダルをとります。

ここに、関東と関西の最難関中入試の違いが現れています。

第1章でも述べた通り、関東の入試は、算数・国語・理科・社会の4科目が主流で「総

合力」が勝負になります。一方、関西は、最難関中の灘中を筆頭に、算数・国語・理科の3科目入試、あるいは3科目・4科目の選択入試が大半で、なかでも灘中の算数は2日間の試験を通して、比較的子どもたちが点をとりやすい計算問題は1問だけ。200点満点中わずかの配点しかなく、残りは思考力を問う難問が並びます。つまり、「算数」の得手・不得手によって大きく点差が離れてしまう問題構成なのです。算数が極端に難しいがゆえに、その点差がほかの試験科目である国語・理科の穴を埋めて逆転合格するケースも珍しくありません。これが関西の入試の特徴ですが、実際に灘中の算数は京大生や阪大生でも苦戦するほど難解です。

そのため、関西の受験塾は算数のプログラムを強化し、小6生になるとかなりの時間を算数の指導に費やします。一方、関東では4科目をまんべんなく底上げしなくてはならないため、特に小6生になってからは社会のフォローが重要視されます。

算数オリンピックで小6生だけ関西勢が浮上するのは、その時期、関西の中学受験生たちが算数という教科に集中して取り組んでいる証なのです。

第3章

「学びの器」をつくるために親ができること

学力を自分の力で高めようとする子どもは強い

受験勉強で「学びの器」を育てる

わが子を「最難関中学に入れたい」と思ったとき、どのように勉強を積み上げていくのか？　まず保護者が思いつくのは、子どもを「塾に入れる」ことだと思います。

いまの親世代というのはご自身が中学受験を経験している場合も多く、通塾にもまったく抵抗がありません。ところが近年進学塾でも低年齢化が進み、浜学園にも小1クラスがありますし、さらにその下の幼児向け教室「はまキッズ」もあります。すると次に「何歳から塾に通わせるか？」という質問が出てくるのです。

入塾の説明会などでは「最難関中学に合格するためには低学年から塾に入れるべきか？」という質問もよくありますが、私の答えは「べきではない」です。それは低学年、高学年に限らずいつでも「べき」ではありません。

なぜなら、いまの中学受験というのは、小6生からスタートして成功する例こそ減

りましたが、小5生や小4生からのスタートで成功しているケースがたくさんあるからです。

ただし、そこで重要なのは、第1章で説明した、子ども自身の勉強に対する考え＝「学びの器」がしっかりしているということです。

小学生であっても「お母さんがやれと言ったからやってる」とか、「先生に叱られるから勉強しなきゃいけない」とかそういう考え方ではなく、子どもが自分自身で「この時間は勉強しよう」と思い、行動する力、それをつくっていかなくてはなりません。

志望校合格はひとつのゴールですが、誰かに押しつけられたとか、単に知識を詰め込むだけといった受験勉強では、たとえ合格しても、入学後に苦労をすることになります。志望校合格に向かう過程で大事なのは、学力をレベルアップさせながら、同時に子どもたちが勉強することを通して、中学に入っても、高校・大学に進学しても、社会人となっても磨き続けられる「学びの器」を培うことなのです。

そう考えたとき、小5生、小4生のスタートでは、「器」を培う時間が短くなります。そこそこ早足で、学びの器や本人の勉強に対する意識づけをしていかなければなりませんが、小5生・小4生は低学年に比べて精神的にも体力的にもしっかりしています

し、時間の短さを焦る必要はありません。

ただ確率論としては、低学年のうちから塾での勉強をスタートした子どものほうが長期の時間をかけて入試に臨むことになりますから、じっくりと器をつくっていくことができます。しかし、低学年スタートにも大変さはあります。ゴールまでが長いゆえに、途中で塾生活や勉強がマンネリ化することもありますし、勉強をし続けているけれど成績が上がらないというケースもあります。その場合、ご両親はどっしりと構え、子どもの勉強に対する考え方をしっかり構築してあげてください。

いずれも大切なのはご両親がむやみに焦らないということです。そして子どもたちにも焦らさない。焦らずに勉強を続けていたら灘中合格につながる「学びの器」を育てるチャンスは絶対にあるのです。

家庭学習の環境づくり

家庭学習の際に、お母さんの目の届くリビングでさせるべきか、一人で子ども部屋でさせるべきか、これもご両親にとっては悩ましい問題だと思います。

ベストな勉強場所というのは子どもによってさまざまで、勉強する子どもの学年によっても違いますし、きょうだいがいるのかいないのか、いるとしたら年上なのか小学生なのか幼児なのか……と、家庭の事情によっても違ってくると思います。

ただ、リビングというのは基本的には勉強をする場所ではないので、子どもにとっては避難所的な感覚であったほうがいいと、私は思います。

ただし、「リビングで勉強をする」＝「常に監視の目がある」ということ。子どももお母さんがときどき見ているということを、自分の勉強のモチベーションにして頑張ろうとします。勉強の習慣づけをするためには、これもひとつの方法論ですし、小

1生〜小3生くらいまでの子どもには、有効だと思います。

実際に低学年のうちは、お母さんの声かけや、自分を見ていてくれるという喜びが、子どもの勉強するエネルギーになります。将来、灘中のトップを走るような賢い子どもでも「偉いな。これ解けたんだ！」という言葉がとても励みになるのです。

ですが、リビングではお母さんの監視の目が光っているだけでなく、小さなきょうだいが走り回ったり、ピンポーンとチャイムが鳴って宅配便が来たり、携帯電話が鳴ったりして、勉強している子どもにとってはなかなか落ち着けない環境でもあります。

そこで、リビングは家庭学習の助走期間として利用し、子どもを見ていて家庭学習の習慣が少しついてきたなと感じたら、次のステップは1週間のうち3日間は子ども部屋でさせ、4日間はリビングでさせるというような形で徐々に独り立ちさせていくのです。

とは言え、子どもを一人にした途端、ずっと遊んでばかりで、まったく勉強が進まなくなった、ということもあります。そこは過渡期と受け入れて、徐々に勉強に向かわせるように、お母さんが上手にリードしてください。そしてときどき子ども部屋をのぞいて「すごいね！　頑張ってるね」とポジティブな声かけをお願いします。

親は子どもに「無関心すぎず熱心すぎず」

ご両親は、子どもの変化を敏感にキャッチすることと、前項でお話ししたように、家庭学習時の見守りも、その成長に合わせて徐々に手を離していくことが必要ですが、わが子がいくつになっても、どんなにしっかりしても心配でならないというのもまた親心だと思います。

中学受験時の親子関係というのはなかなか複雑で、時期によってさまざまな問題や悩みも生まれます。なかには、すごくポテンシャルの高い子どもだったにもかかわらず、親がその芽を潰してしまったというケースもあります。これは珍しいことではなく、私の38年間の浜学園生活で、もう数えきれないほど経験しています。

子どもが高いポテンシャルを持っているのに、それを潰してしまう親には、ふたつのタイプがあります。ひとつは、子どもにまったく無関心な親。もうひとつは、子ど

ものことに過剰に熱心な親です。

まったく無関心な親というのは言葉の通り、わが子に対するサポート意識が全然感じられないタイプです。「中学受験はすべて塾任せ」という感覚かもしれませんが、相手は大人ではなくまだ小学生の子どもですから、家庭のフォローアップ体制が不足すると、どうしてもモチベーションを長期間キープすることが難しくなります。

そうかといって、お母さんに子どもが取り組んでいる勉強を見てほしいわけではありません。勉強と孤独に戦っている子どもに定期的に本人のモチベーションが上がるように声かけをしてもらいたいのです。子どもは勉強において「親が味方である」と察知すると、ほとんどの場合が成績向上につながります。

次に、過剰に熱心な親というのは、例えば子ども以上に一生懸命になってノートをつくってしまうようなタイプです。浜学園でいうなら「難問集」や「ミスパターンノート」「弱点対策ノート」など、子どもが学習で使うノートをつくり込むのはもちろんのこと、塾が行う説明会などでも毎回最前列に並び、持参したパソコンなどで私たちの説明をどんどん打ち込んでいきます。その様子はまるで記者のようです。わが子のために時間を惜しまない努力と中学受験に対する熱心さには感服しますが、同じ説

明会に参加してもほかの大勢の保護者がとるのはせいぜいメモ程度ですし、子どもにとってもそれくらいの情報量で十分だと思うのです。

このタイプの保護者で危惧するのは、「こんなに私がやっているのに」という思いです。親からそれをぶつけられた子どもはもう行き場がありません。

誰のためにやっているのか？　本当に子どものためなのか？　それは子どもにとって最善なのか？　ご両親にはときどき、わが身を振り返ってほしいのです。全力で頑張っているわが子を、決して見失わないようにしてあげてください。

親が勉強において子どもに「無関心すぎず熱心すぎず」うまく声かけすることができれば、子どもの「学びの器」づくりがスタートしていくのは間違いありません。

お父さんとお母さんの役割

わが子に中学受験をさせようと決めた理由や事情は、家庭によってさまざまだと思います。子どもが幼い頃から「灘中を受験させよう」と目標にしてきたご両親もあれば、小学校の成績が思いのほか優秀で「それなら私立中学でも受けてみる？」と軽い気持ちで挑戦を始めた親子もいます。

しかし、算数の超難問を瞬時に解き明かすような高い学力があっても、子どもたちはまだ小学生です。精神年齢は幼く未成熟で、心は柔らかく、中高生のような筋力も体力もありません。彼らが中学受験を乗り切るには両親をはじめとする周囲のサポートが欠かせないのです。

そこでよく相談を受けるのは、「お父さんとお母さん」の役割分担についてです。

浜学園では、塾のほうから「お父様もご参加ください」と呼びかける保護者向け説

明会が年に何回もありますが、特に算数や理科の入試問題を具体的に解説するような説明会ではお父さんが適役であることが多いです。お母さんの場合は理系科目ということもあって「ちょっとよくわからないので録音していきます」とか「帰って子どもに見せなきゃいけないので」とスマートフォンで写真を撮っていく方も目立ちますが、お父さんは真剣に解説を聞きながら熱心にメモをとっている方が多い印象です。

しかし、お父さんは、勉強面のサポートには適性がありますが、子どもの精神面のフォローとなると、お母さんにはかなわないことも多いようです。子どもに何か変化があったとき、日々身近で接しているお母さんは敏感にキャッチすることができますが、お父さんの場合「塾に任せておけばいい」というセリフでやり過ごしてしまうことがままあるようなのです。

お母さんからすると「全然わかってない……」と夫に失望する場面もあるかもしれませんが、一方で子どもの日常をよく知るがゆえに、お母さん自身が走りすぎてしまうこともあります。そのようなときはお父さんはセーブ役を果たしていただけたらと思います。

これは、浜学園という場で、長く子どもたちや保護者と接してきた私の目から見た、

お父さんやお母さんの特徴ですが、中学受験を控えた家庭に望むのは父親役・母親役という区分ではありません。「冷静で厳しい人」と「よしよしと慰め励ます人」の両方があってほしいのです。

どちらがお父さんでどちらがお母さんでもかまいませんが、家族のなかに誰か冷静で厳しい人が一人いて、ほかに子どもの気持ちをよくわかってくれる存在がいる、子どもにとってはその環境が大切なのです。一般的な割合としてはお父さんのほうが厳しいというケースが多いようですが、時にお母さんも厳しい人になることがあります。子どもにとって一番きついのは「両方とも厳しい」という場合です。

彼らには学校もある、塾もある、家庭学習も大変、ましてや模擬試験もある。それが入試本番まで続くわけですから家庭の居心地が悪かったら逃げ場がありません。お父さん、お母さんのどちらかは冷静に、そして優しく見守る環境を心がけていただけたらと思います。

子どもは常にプラス思考

日々子どもたちと向き合っていると、「なるほどな」と感心することがたくさんあります。大学生でもとまどうような算数の難問をスラッと解き明かしてしまう姿にも驚かされますが、小学生の時期の子どもというのは実にプラス思考なのです。

例えば、テストの成績が3回のうち2回よかったら「僕、ずっといいねん」と言います。なかには5回に1回しかよくなくても「いいねん」と言う子もいます。

これは計算練習でもよくあることです。浜学園には小5生の「365日計算テキスト」というものがありますが、「うちの子が計算練習をサボっている」と保護者から相談を受けて、子どもに尋ねると「僕、毎日やってるねん」と言います。

よくよく聞いてみると、彼が「毎日やっている」というのは「自分がやろうと思った日は毎日やっている」という意味だったのです。「毎日やっている」というのはと

てもうまくできた言葉で、たしかに嘘ではないわけです。子どもたちにとっては週に1回でも計算練習をしたら「(やろうと思った日は)毎日やっている」ことになりますし、塾で算数の授業のある日だけやっても「(算数のある日は)毎日やっている」ことになります。

しかし、子どもに計算練習を定着させる初期段階では、これを怒ってはいけません。「この日やってないじゃない！　毎日やるって言ったでしょ」とお母さんが怒ると、子どもは「いや、〝算数の日〟は毎日やってる」と言い訳が始まります。「毎日といったら普通はカレンダーの日付の毎日だ」と親が正論をぶつけると、子どもは面倒くさくなり「なら、お母さんがやってみて」と開き直ります。そしてついに母の口から「あんたが塾に行きたいと言ったんでしょ。毎日できないのなら、もう塾はやめなさい」とレベルの低い言い合いになってしまうのです。これだけは絶対に避けなければいけません。

というのも、これをやってしまうと、子どもは勉強というものを「義務的なもの」と考えるようになってしまうからです。「サッカーが上手になりたい」とか「うまくピアノを弾きたい」とかの単純な憧れと同じような、「勉強で賢くなりたい」という

思いがどんどんしぼんでいってしまうのです。

本来カレンダー通りの意味で毎日やるべき計算練習ではありますが、週に1回でもやっているということは、まったく計算練習をしない子どもよりも立派なわけです。親はまず、子どもの「計算練習をやっている」という事実を褒めてあげてほしい。

大事なことは、いま週1回のものをどうやって週2回やらせるか、それをどのようにして毎日に増やしていくか、親は怒らず焦らず、その作戦を練ることです。そして、毎日計算練習をするようになったら、次に、その練習にしっかり気持ちが入っているかどうか、上達につながっているかどうかも、大事なポイントとなります。

私は保護者から教育相談を受けるとき、必ずその子どものいいところを探すことから始めます。成績表を見て全部が悪くても、理科でひとついいところがある。3教科の成績を並べて一番いいものに丸をつけていく。そこに未来の可能性があるからです。

ところが、私がその子のいい部分の話をしても、ご両親は「でも先生」と否定から入り、「心配が山のようにあります」とおっしゃる。私との教育相談でその調子なのですから、家でわが子に対してはそれ以上に「子どもの悪い部分」だけを見て話をしてしまっているのでしょう。

ご両親がネガティブな擦り込みをしてしまうと、子どもは「いまはいい点数だけど、いつ悪い点になるかわからない……」というふうに常に危機予測をしながら考えるようになってしまいます。これでは学力は伸びず、成長が止まってしまいます。

本来子どもたちが持っているキラキラとしたプラス思考を、見習うことはあっても、周囲の大人がそれを奪ってはいけないのです。この子どもたちのプラス思考が灘中合格につながる「学びの器」をしっかりつくっていきます。

子どもたちは毎日矛盾と戦っている

小学生というのは勉強するだけで偉いと、私はいつも思います。

毎日朝起きて学校に行って、さらに塾に行って。おそらく彼らがご両親から入塾をすすめられたときは、塾というものに入っても「塾に行くだけでいい」と思っていたはずです。ところが、塾には計画表があり、それに従って勉強して、テストを受けたらその直しを家でしなければいけない。子どもたちは塾というものに、そんなにたくさんのオプションがついているとはゆめゆめ思っていなかったでしょう。

それが子どもたちの本音だと思います。だから何ヵ月も、子どもによっては何年も通塾するなかで、本来ならそんなに苦労せず乗り越えられたはずの問題なのに、すごく分厚い壁が立ちはだかっているように見える時期が、何度もあるのです。

浜学園では能力別クラス編成になっていますが、テストの成績によってクラス替え

があるので、塾に入った当初は低いクラスからのスタートでも、努力して自分なりに勉強のコツをつかんだ子どもたちは必ず階段を上がっていきます。

でも、その前に立ちはだかるのはいつも「親」という壁なのです。

まだ入塾して日も浅いうちから「子どもの成績が伸びない」と嘆く保護者がいます。でも目を凝らすと、塾に入ってからの子どもたちは、それ以前の生活と比べていろんなことが少しずつ変化しているはずです。

例えば、以前は読めなかった漢字が読めるようになったとか、計算が少し速く正確になったとか、長時間落ち着いて机に向かっていられるようになったとか、毎日一緒にいる親の目には留まらないほどの小さな変化かもしれませんが、その小さな変化が次の変化を招き、子どもたちはひとつひとつ階段を上がって、自分なりの勉強のコツをつかんでいくのです。

その道のりを経てやっと「成績の変化」が目に見える形で現れてきます。そこに至るまでの変化の過程では決して焦ってはいけないのです。

ところが、大半の保護者の子どもに対する評価軸は最初から「成績」だけです。

子どもが頑張って小さな変化を続けていても、その「頑張り」を評価することはな

く、「成績」が変化しなければ子どもに向かって「頑張らないのだったら、もう塾はやめなさい」という言葉を口にする。

親からそう言われたとき、子どもも最初は「自分が悪いことをしてるのかな」と思います。でも考えてみると、自分は毎日学校に行って、塾に行って勉強して、課題をやって、テストを受けている。そのテストもそれなりにできたから「今回のテストはどうだったかな？」と少し楽しみに思っていたのに、返却されたらあちこち「×」になっていて点が悪い。憂鬱な気持ちで家に帰ったら、お母さんに「成績が悪い」と怒られる。「あなたは塾でちゃんと勉強してるの⁉」と怒鳴られる。「どうして学校に行って、塾にまで行って勉強して、怒られなきゃいけないのか？」。子どもたちにとっては、矛盾との戦いなのです。

子どもというのは、一度レールに乗ったら、実に見事に進んでいきます。でも大半の子どもは、道半ばに立ちはだかる分厚い壁の前で行き場を失い、足を止めてしまいます。そこで足を止めずにトライできるかどうか？　挑戦する気持ちを奮い立たせることができるかどうか？　一番の早道は、親という壁のほうが変化することではないかと思います。

弱点を指摘する前に必ずふたつ褒める

最難関中学に合格した子どもでも、小6生で勉強方法が「完成」する子はなかなかいません。みんな何かしらの弱点を持ちながら、結果として中学入試に合格していきます。世の中に弱点のない受験生などいないのですから、弱点を完璧に潰すことを夢見るよりも、弱点は弱点で持っていけばいいのです。大事なのは入試本番までに弱点の単元を少しだけレベルアップさせることです。

そのために大切なことは、ご両親が弱点を責める前に、わが子の「いい部分」を見て、まず子どもを褒めることです。

例えば、算数は得意だけど国語が弱いという子どもなら、「算数が得意だ」というのがいい部分です。算数という強みがあるから、親から見ると国語が弱点に感じてしまうわけです。そして弱点を気にするあまり、わが子が算数という「強み」＝「いい

部分」を持っていることを親は忘れがちなのです。

もしも子どもに弱点対策をひとつ立てさせたいと願うならば、子どものいい部分を少なくともふたつ、みっつ褒められるような準備をしてください。「わが子のいい部分が見つからない」ということは絶対にないと思います。

私の教育相談を例にするなら、成績はあまり冴えなくとも「始業時にテキストとノートを出すスピードがクラスで一番速い」子どもがいます。ほかにも「授業中によそ見をすることがない」「鉛筆が非常に速く動く」、これもそれぞれのいい部分です。

何も成績に限らず、その子どもが頑張っていることを見つければいいのです。毎日一緒に暮らしているご両親なら、ふたつ、みっつの褒めポイントはすぐに見つかるでしょう。そしてしっかり褒めるのです。

子どもは褒められたら元気になります。モチベーションもアップします。その状態になれば子どもに「聞く耳」ができ、弱点対策も素直に前向きに受け入れられるようになります。

小学生の子どもが勉強に対するモチベーションを失うのは、中学生・高校生のような雑念が理由ではなく、何かの壁にあたって勉強というものが面白くなくなり、力が

入らなくなるからなのです。

中学生・高校生の場合ですと、勉強の対極に部活や趣味や遊びといった興味のあることがいろいろと出てきて勉強をしなくなるのがよくあるパターンですが、小学生の場合はテレビが面白いとかゲームが楽しいというのはあっても、勉強も面白かったら楽しんでやります。これは小学生の大きな特徴です。

勉強が楽しいのはなぜかといえば、評価尺度がはっきりしているからです。

点数のみならず、親や先生に褒められたり、周囲から「すごい！」と認められたり。小学生の子どもというのは、自分への評価にすごく納得できれば楽しんで勉強するのです。それゆえ彼らを勉強に導く最善の方法は、まず「いい部分」をしっかり褒めることなのです。子どものいい部分を褒めることで、その子どもの強みがさらに強くなるというメリットもあります。得意な教科がさらに伸びると、少しずつ余裕ができるので、弱点を補うこともより可能になります。

いまさら私がお伝えしなくとも、親はこれまでの育児を通して子どもを「褒める」ことの重要性をわかっていらっしゃると思います。

ただ中学受験というものに関わり始めると「○○中に合格すること」だけが目的に

なり、そこに照準を合わせようとして、わが子を見失ったり、親子関係にゆがみが生じたり、時に無理な子育てになってしまいがちです。

でも、子どもを主観的に評価できるのは親しかいません。

私たち塾のスタッフは、子どもたちが教室で頑張っている姿をいつも見ています。前述の「始業時にテキストとノートを出すスピードがクラスで一番速い子ども」のように、それぞれの子どもたちがそれぞれの形で努力していることを知っています。

しかし塾というのは、平均点や偏差値や順位という客観的なデータで、その子どもの努力の結果を表すしかありません。

その数字に出ない「いい部分」を評価できるのはご両親だけなのです。そして、それが子どもが頑張っている「学びの器」づくりの習慣性をうまく継続させることにつながっていくのです。

子どものいい部分だけをメモする

子どもに「聞く耳」を持たせるには、「僕（私）のことをそんなに知っていたのか」という反応を、まず引きだすことです。

私は教育相談の前には、必ずその子どもの過去の答案を見直したり、授業の見回りのふりをしてノートをのぞいたり、あらゆる方向からリサーチをして素材を準備します。そして同じ内容でも、保護者への伝え方、子どもへの伝え方をそれぞれ吟味します。準備にはそれなりの時間がかかりますが、そのことに私が真剣に時間を割いた分だけ、こちらの言い分は相手に根づきやすくなるのです。

しかし親子の場合、生まれたときから一緒に過ごしている家族であるがゆえに、そのリサーチを怠りがちです。そういう部分を省略して、親の言いたいことだけをパッと子どもにぶつけてしまう。しかしこれをしてしまうと、子どもは聞く耳を持たなく

なり、親子はお互いに反対方向を向くことになります。

親子のあいだであっても子どもに自分の言い分を根づかせるには、いかに「僕（私）のことをそんなに知っていたのか」と思わせるかが重要なのです。

ですが、親が子どもを褒めるというのは簡単なようで難しい。

そこで、ひとつのアドバイスです。子どもの悪いところはメモらずに、それはご自身の頭の中にしっかりと蓄えておいて、「いい部分」だけをメモしてください。

そして日頃収集していたメモをもとに、例えば移動中の電車のなかで「そういえばこのあいだの、○○はいい点だったね」とさりげなく声をかけます。子どもに「え？お母さん、なんでいま？　いつ成績表見てるんだろう？」と思わせるぐらいのタイミングを意識します。その瞬間、低学年ならすぐに喜びの表情に変わると思いますが、小6生くらいになると親に褒められても斜に構え、あまり表情には出さないかもしれません。ただ、それも照れ隠しであって、気分は悪くないのです。

その気分が悪くないところに、「でも、この前の説明会で先生も言ってたけど、あの算数の1番を間違えたのは油断があったのかな？　ミスのノートをつくって見直してみたらどう？」と、お母さんの言い分である「ミスをなくそう」をうまく伝えます。

子どもは「そうなんだ。先生も言ってたんだ。まぁ、たしかにそうだよね」と思いのほか素直に納得するわけです。お母さんの見事な作戦勝ちです。

特に小6生になると、ちょっと斜に構えたり、家では反抗的だったりという面が出てきます。それでも慌てず騒がず、そういう時期こそわが子の「いい部分」のメモを、たくさん集めてください。

お母さんの声かけタイミング

子どもの「いい部分」を収集するには、日常生活で常に目を光らせるのではなく、わが子に対する観察眼を持つことが有効だと思いますが、昨今、仕事を持つお母さんもたくさんいらっしゃいますし、毎日とても忙しく、なかなか細かく子どもを気遣っていられない、というのも本音かもしれません。

長時間子どもを見ている必要はありませんが、ただ少なくとも「子どもは学校に行ったあとに塾まで行って頑張っている」ということを常に頭のどこかに置いておいてほしい。そして、できれば子どもが塾から帰宅したら「ああ、お帰り。よく頑張ったね」という一言をまずかけてあげてください。

よくあるのは、玄関で「今日は何点だった？」といきなり尋ねるお母さんです。そして「平均点は？」とたたみかける。子どもは長い一日が終わってやっと家にたどり

着いたのに、「お帰り」もなく点数を尋ねられてはホッとする間もありません。

親が子どもをこういうふうに評価していくと、多くの子どもはだんだん疲弊し、その日常に潰されてしまいます。

そして安全策をとるようになり、自分がある程度余力を持ちながらやれるところで学力が止まってしまうのです。浜学園を例に挙げると、自分がそこそこの努力で無理なく平均点をとれるクラスで満足してしまう。そうなってしまうと、せっかく貴重な時間を割いて塾に通っているのに、そのままの状態で、子どもは開花せずに終わってしまいます。

玄関で子どもに点数を尋ねるお母さんに悪気はないのかもしれません。子どもを心配し、四六時中それが気になって仕方がないから、無意識に口に出てしまうのでしょう。

しかし、疲れて帰ってきた子どもにとっては違います。「自分が悪くない成績をとっていたときは何の声もかけてこなかったのに、悪くなったらそればかり言われる」。子どもは追い詰められていきます。そのうちに疲れ切って勉強に面白みを感じられなくなり、平均点をとれるクラスのど真ん中という安全なぬるま湯から出なくなるので

す。

子どもは本来プラス思考です。周囲の大人はそのプラスの力をうまく生かさなければなりません。子どもがやる気を失いかけていたら褒めて励まし、子どもがやろうかなという気になったタイミングでうまく声かけをする。わが子の性格を一番知るのはお母さんやお父さんです。声かけひとつで、子どもの学力は急に変わるのです。

きょうだいの中学受験

きょうだい全員が灘中合格というケースもありますが、子どもたちの進学問題は、家庭内の大きな悩みのひとつです。一人っ子であれば、親はその子だけの中学受験に集中できますが、複数のお子さんがいる場合、きょうだいで同じルートを歩ませるのか、それとも別々の学校を志望するのか、塾の選択や勉強方法の指導も含めて、ご両親にとってはとても悩ましいと思います。

そこで、ひとつの事例を挙げましょう。その家は男の子二人のきょうだいで、二人とも浜学園に通塾していました。お母さんは、あまり勉強しなかった長男が志望校に合格できなかったことをきっかけに、そのとき果たせなかった「理想的な勉強のやり方」を実践すべく、弟は4年生から入塾させました。入塾したときの成績は、きょうだいでほとんど変わりはなく、弟の性格もうっかり屋でミスの多かった兄とそう変わ

らない。きょうだいですから家庭学習の環境も同じです。

ただ、お母さんの意識だけは、兄の受験のときとは大きく変わっていました。

ネガティブなことは一切口にせず、上手に子どもを泳がせながら肝心なところだけはチェックしていく。兄のときに実践できなかったその方法に変えた途端、弟のほうはグーンと伸びたのです。

一方で、長男や長女のときに成功したことで、妹や弟にも同じやり方を通すお母さんもいます。回を重ねることで慣れていくわけですが、このパターンで気をつけなければいけないのは、「お兄ちゃんはこうだったのに」「お姉ちゃんは言われなくてもできたのに」ということを、無意識のうちに、妹や弟に匂わせてしまうことです。

さまざまある勉強法のパターンから選択したものではなく、お母さんのなかで「長子の成功」という確固たる一本の柱が通っているため、そのやり方に合わない子に対しても、無理に兄・姉のやり方を通そうとしてしまうのです。お母さんにその頑なさが出てしまうと、妹や弟はどうしても勉強がつらくなっていきます。

ご両親には子どもの数だけ機会がありますが、それぞれの子どもたちにとっては人生たった一度の中学受験です。その子にとってベストな方法を見極めてください。

中学受験経験のある親のプラスとマイナス

かつては珍しいことでしたが、最近では「自分も中学受験を経験した」というご両親がとても増えています。ご夫婦そろって「経験者」という家庭もあります。自身が通ってきた道だけに、塾についても、中学受験についても知識が豊富ですし、興味も関心も高い。保護者向け説明会などは大変な熱気です。

中学受験を経験した保護者の強みは、子どもの勉強に対するバランス感覚を持っていることです。子どもの勉強がちょっとマンネリ化していると感じると、習慣性を厳しくしたほうがいいのではないかとか、そのために勉強時間を短くする、量を多くするなど、子どもがほどよく自分で訓練できるような駆け引きをするのが上手です。

なかには自分の経験をもとにわが子にアドバイスを送る親もありますが、ひとつ気になるのはその像が2〜3年ずれていることです。親は自身の小6生の頃の感覚とし

て語っているようですが、私が耳にするところ、内容的には中2生や中3生レベル、はては高校生レベルの内容なのです。

例えば、自宅で子どもと一緒に塾の成績優秀者ランキングを見ながら「このベスト10に入ってる○○くんすごいな。この子になんか聞いてみたら。ノートなんかお前と全然違うで」とお父さんは真顔で言うわけです。子どもはとりあえず素直に頷きますが、意味は理解できません。

大人にとっては違和感がないかもしれませんが、このお父さんのアドバイスは「塾に行ってたら、周囲の人間から何か感じとることがあるだろう」という考えがベースになっています。これは中学生・高校生以上の感覚です。

残念ながら、小学生の段階ではそこまでのコミュニケーション能力はありません。もしもアドバイス通りに「ノート見せて」と言ったら、相手は「とられるんじゃないか」と思うかもしれません。塾での彼らの会話といえば「キミ、今日は弁当、何持ってきた?」とかテレビやゲームの話くらいのもので、小6生というのはそのくらい幼いのです。

小学生の友だち関係は、各人が情報力を持った中学生・高校生のそれとはまったく

違います。相手も子どもですし、放課後に一緒に遊ぶことはあっても、中学生・高校生のような「横のつながり」という感覚はまだ育っていません。

親の愛情を込めたアドバイスではありますが、そのずれた年齢感覚のまま対峙してしまうと、知らぬ間にわが子を潰しかねません。

小6生にとってのリアルな塾通いというのは、学校を終えて帰宅したら、今日は塾なのにお母さんがおやつを用意していなかった。「なんでおやつを用意してくれなかったんだ」と怒りながら家を出て、電車に乗って、塾に着いたらテストを受けて、授業を聞いて、そして再び電車に乗って帰宅する。それでおしまいです。

「どうやったら勉強の仕方がうまくなるのか？」とか「○○くんはどんな勉強の仕方をして力をつけているんだろう？」などということを考えながら塾に通っている小学生はまずいません。授業中に時計をチラチラ見ながら「あと何分で終わりかな？」とか、「今日の晩ごはん、何かな？」とか、そんなことを思っているのが子どもなのですから、親の感覚と子どもの現状は大きくかけ離れているのです。

私は教育相談でも同じことをお伝えしていますが、実際に保護者に尋ねてみると小学生のときに塾に通った経験があっても、自分がどんな感じで授業を受けていたか覚

えているという人は少ないものです。中学時代のことならある程度印象に残っていても、小5生や小6生の記憶はだいぶ薄まっています。そのあいまいな状態で子どもにアドバイスをしているわけです。

加えて、親はわが子しかサンプルがありません。一方、私たち塾のスタッフは常時たくさんの小学生と過ごしています。行動や考え方、会話の内容、生活のサイクル……彼らの日常がどういうものか、それは一目でわかります。

塾通いや中学受験を経験したという保護者にお願いしたいのは、小学生の子どもと向き合うときは、自分たちが思うイメージからマイナス3年したくらいのレベルを思い浮かべてほしいということです。親子で会話をしていて「子どもとレベルが合わない」のは、子どもに不足があるのではなく、親のレベル設定が間違っているからなのです。

親が勉強の情報源になる

小6生までの子どもというのは、友だち同士の勉強方法に関する会話もぎこちないものです。

たまに「浜学園の生徒が電車のなかで騒いでいる」とお叱りを受けることがありますが、通塾の移動中に数人でいるときも彼らは会話をしているというよりは、わちゃわちゃと「騒いでいる」という感じです。会話の内容もとりとめないもので、せいぜいテストの点数を聞くぐらいのことはあっても、塾の話や勉強の話をすることは、小6生の灘中コースの子どもでもほとんどありません。

小学生がもしも友だちから「キミ、どんなふうに勉強してるの？」なんて聞かれたら、聞かれたほうはびっくりして固まってしまうでしょう。「なぜ、そんな質問をするのか？」。そもそも彼らはそこからわからないのです。

それが中学生になると、中間や期末といった定期テストが学校で始まります。すると「試験対策」が友だち同士の共通目的になるわけです。休み時間や学校の行き帰りなどにテストや勉強法の情報交換をするようになり、「自分はノートにアンダーラインを引いている」とか、「赤いマーカーをして緑の下敷きをかぶせている」とか、「大学ノートを半分に分けて、板書とポイントを書き込んでいる」とか、クラスメートという横のつながりによって、さまざまな勉強法が勝手に伝播していくわけです。

そのうちクラブ活動がスタートすると、情報源に「先輩」という存在が加わります。「あの先生のテストは毎年○○が出る」とか「この問題集はよくできている」とか、経験的アドバイスをくれる、先輩という縦のつながりを得ることによって、さらに広がりを見せます。

しかし、小学生の場合は、学校や塾の「先生」が勉強の仕方などを取り上げて言わないと、クラスや友だち同士で情報が伝播するということはまず起こりません。いまの小学生はスマートフォンやパソコンなども持っていますし、メールなどもしていますが、勉強法は伝わらない。例えば一人の子どもが親のすすめで単語帳を使い始めても、それを見て周囲の子どもたちもやり始めるということがすごく少ないのです。だ

から何か勉強に役立つツールがあった場合、浜学園側から紹介しないと全員が使うようにはならないのです。

つまり、中学生のような勉強情報のネットワークを持たない小学生にとって、頼りになるのは塾か親しかいません。そのため浜学園では勉強情報に関する保護者向けの説明会をたくさん行っていますが、それは中学でいうところの「先輩」や「クラスメート」の役割をご両親に担っていただきたい、ということなのです。そして家庭での親子の会話を通じて、子どもたちに伝えてほしいのです。

とは言え、親が苦に思うことはありません。なかには「どうやって子どもに話したらいいのかわからない」と悩む保護者もいますが、目の前に子どもを座らせて説明会の内容を一から十まで話す必要はまったくありません。説明会を受けてご両親が気がついたことを、ひとつでも、ふたつでも、子どもに話してもらえれば、何も伝えないよりも十分に期待が持てるのです。

「完全依存型」になる子ども

教育相談を受けていると「家庭学習のときは、ずっと親が横についているべきか？」という低学年のご両親の悩みをよく耳にします。

親と子どもの適正距離というのは、本当にケース・バイ・ケースで、年齢でも、個人でも、また同じ一個人でも時期によって変わりますし、なかなか難しいテーマです。

ご両親が横についているというのは、ある時期に子どもにとってためになりますが、それが依存心に変わるときがあります。その見極めが一番のポイントになります。

実は塾と子どもの関係にも同様のことが言えるのですが、私たちのように教育者という立場であれば、子どもの学力を上げるために、子どもとの距離をその都度意図的に調整することができます。

しかし、親子の場合はどうしてもパターン化しやすいのです。

「うちの子は私が横についているほうがやる気も出るし、効果が上がるかも」と思うと、親は多少の無理をしても横にいることになります。

にもかかわらず、そのうち子どもは親の言うことを聞かなくなり、親子が揉めるような時期がやってきます。その時期まで親が子どもの横についている必要はまったくないと私は思います。しかし一方で、そのまま子どもをずっと一人で放っておけばいいかというと、それも誤りです。

理想を言えば、子どもの年齢を問わず「最近子どもの集中力が落ちてきた」とか、「勉強がきちんとできていない」と感じられるときは横につき、子どものモチベーションが上がってきたら離れるべきです。それを使い分けてもらいたいのです。

「そんなに器用にはできない」という声もよく聞きますが、ずっと子どもについているのは親も大変でしょうし、子どものために距離を置くことが大事な時期もあります。周囲が「つく・離れる」を上手に使い分けると、子どもは吸収力がすごいので、特に小さいうちなら「いい習慣性」がすぐに定着します。

しかし、親が常に子どもにべったりとついてしまうと、もう子どもは離れられなくなります。

例えば、家庭学習中に少しでも親が離れると、子どもは「この問題がわからない」と言いだします。親が「解答を見たら」とすすめると「解答見てもわからない」。親が「先生に聞いておいで」と言うと「先生に聞くのは嫌だ」となります。仕方なく親が塾に電話をして、今度は講師が「どれや?」と尋ねると「これがわからない」。講師にちょっと慣れてくると、次は塾で「先生、これがわからない」「先生、これもわからない」が始まります。

つまりは、親子がべったりを続けて距離を置かなかったことで、子どもの親への依存心が強くなり、その依存が許される環境が続いてしまったことで、次に塾の先生への依存が始まるわけです。

親は子どもが講師に質問するのを見ると、わが子が学力をつけていっているように思うのですが、この子どもは「完全依存型」になっているだけです。

私も長く低学年を指導していますが、このようなケースは常に見られます。

その場合は「使い分け」のテクニックで対処します。「わからない」「わからない」と言っている子どもに、最初の2問は「よしよし」と言って教えますが、3問目からは「キミはどういうことだと思う?」と、聞きだすように会話のパターンを変えるの

です。

つまり会話を変えて距離をとり、依存できない状態にして、子ども自身に考えさせるようにするということです。このように距離をとっていくと、だんだん依存がなくなっていきます。

ところがそのうち、今度は違う先生への依存が始まります。これが子どもです。子どもは子どもでわかりやすく教えてもらうことに対して、「宿主」を替えるという、子どもの知恵を使っているのです。

これが「べったり」の落とし穴です。最初に親が距離をとることをせずに依存を許してしまうと、「自分で理解する」のではなく、「理解させてもらう」ことを求める子どもができあがってしまいます。

ただ、子どもとの適正距離というのは、本当にそのときそのときで変わります。

いま目の前で、もう手足をバタバタさせるしかないほど困っている子どもには、やはりいろいろ手取り足取りしないといけません。でもその子どもがちょっとうまくいきだしたら、次は少しずつ突き放さないといけない。これを繰り返して子どもはだんだんと、自分で勉強できるようになるのです。

依存型の子どもというのは、習ったことがそのまま反映される復習テストはできますが、「自分から能動的に解く」という習慣性が定着していないので、習ったことプラスアルファが必要な実力テストになると、一気に弱くなります。実力テストで3000名中2900番台になってきたりすると、さすがにご両親も「うちの子、どうなってるんだろう?」となりますが、これは小さい頃から本人が自分の力を使うことなく、常にご両親に「こうでしょう」「ああでしょう」とすべてを教えてもらってきたからなのです。依存心が強くなると、特に算数・理科は厳しくなります。

しかし、彼らは地力を持っています。困ったときに自分で乗り越えるという癖がついていないだけなのです。家庭学習でいうなら1問サポートしたら2問突き放すということからスタートすると、そのうち少しずつ慣れていきます。

子どもに寄りすぎれば依存になり、距離を置きすぎれば野放図な子どもになります。親子の適正距離は常に、「つかず離れず」なのです。

自分の力で解かせた1問を心配しない

ご両親のみならず、教育の場である塾もまた、子どもとの適正な距離というものをいつも考えています。

例えば、授業のなかでその日、子どもに教えなければいけない問題が10問あったとします。その10問はテーマAに関連するものが3問、テーマBの関連が3問、テーマCの関連が4問という構成になっています。本来はその10問すべてを指導しなければいけないのですが、テーマAの3問中2問を解説したところで、残りの1問は「家でやっておいてください」として、次のテーマBの解説に移るということがよくあるわけです。

この「1問」が、私たち指導者が子どもに対して置く距離です。

1から10までを教えて、子どもに完璧に理解させたからといって、子どもがその教

科、単元において1ヵ月後、2ヵ月後に学力が上がるかといったらそうとは限りません。

3問あるうちの1問目で、講師から〝いろは〟を教えてもらい、2問目でちょっと応用したところを教えてもらう。そして3問目は自分一人で苦しみながら解く。

子どもたちは「苦しんだけど解けた」ということもあれば、苦しんだ結果、嫌気がさして放り投げることもあります。ですが、子どもが「自力」でいろいろな経験をすることで、次にその問題が回ってきたときに「あ、これ前に苦しんだ問題だ」とか「あのときわからなくて飛ばしたな」とか、こういうことが子ども自身のなかに「勉強材料」として確実に残るのです。

ご両親にとっては、「子どもを手放す」＝「もう子ども一人でうまくできる」という考え方だと思いますが、塾の指導者にとっては、「子どもを手放す」＝「うまくいかないだろうけど自分で自主的にやらせてみる」という考え方なのです。一番難しい3問目を子ども一人で解かせてもうまくいかないのはわかっています。しかし、この「自分で自主的にやるとうまくいかない」という勉強が次へのステップなのです。そこでもがくなかで、自分でやりながら徐々にうまくいくようになってくるわけです。

そして肝心なことは、子どもに自力で解かせた1問の出来具合を、講師は絶対に心配しないのです。苦労することがわかったうえで、「この1問は子ども一人の力で解かせる」と、彼らに預けたのですから、たとえその1問が解けなかったとしても、しっかりと学力がついていくように授業構成を常に考えているのです。従って、保護者も同じように考えていただいて、少し余裕を持ったなかで子どもの「学びの器」をつくる環境にしてほしいと思います。

「子どもの友だちの成績が気になる」という親へ

「塾に通っていると、子どもの友だちの成績が気になる」という保護者の悩みを、ときどき耳にすることがあります。

相手がわが子と同じ学校を志望していたり、切磋琢磨するライバル同士だったりすることで、親としてつい意識してしまうこともあるでしょう。

しかし、ほかの子どもの成績がどうして気になるのかというと、それは親自身が、自分の子どもの成績が悪いと思っているときだからです。

その焦りが、周囲との比較になってしまい、「○○くんのほうが、わが子よりもよく頑張っているように見える」とか、「△△くんのほうが、うちの子よりもしっかりしている」という具合に、敏感に反応してしまうのです。

子どもの成績がよいときは、そんな比較はしません。

ほかの子どもとわが子を比較してしまうのは、コンプレックスがあるからです。

このような状態のときは、一度考えだすとそれがずっと頭のなかに残り、そのうちに四六時中考えてしまうようになります。わが子のことですから、それも仕方がないのですが、親がネガティブな感情にからめとられてしまうと、少なからず子どもにも影響を与えてしまいます。その結果、負の連鎖になりかねません。

そこで大前提として、「何を理由として、わが子が伸び悩んでいると思うのか？」ということを、保護者にはクリアにしてほしいのです。

例えば、その理由が「ずっと真面目に勉強しているけれど、成績がそれほど上がらない」ということであれば、子どもの1年前の成績表と、現在の成績表を並べて比較してみてください。その結果、1年前の成績よりも上がっていたら、その子はきちんと学力が伸びているということになります。

次に、「わが子の周囲の子どもたちも全然勉強していないのに、その集団のなかでも、ずっと最下位のほうにいる」という理由ならば、その子は親が心配するように学力が伸びていない可能性が高いかもしれません。

保護者が感じる「成績の伸び悩み」というのは、とてもあいまいで漠然とした部分

があります。それゆえ、例に挙げたように「何を理由に、そう感じるのか?」ということを、まずクリアにする必要があるのです。

しかし私は、子どもの成績にとらわれて悩むよりは、「子どもが昨日した努力をきちんと評価する」ことを、保護者の方には大切にしてほしいと思うのです。

例えば、家庭学習ではしっかり努力して頑張ったにもかかわらず、翌日テストを受けたら、ちょっと点数が悪かったとします。これは、子どもがきちんと努力をしたけれど、報われなかったケースです。このようなときは「頑張ったのに残念だけど、テスト直しをして、次回頑張ったらいいじゃない」と、子どもに声かけをして、テストでは報われなかった昨日の努力を労ってほしいのです。そして、子どもに間違えた問題の解き直しをさせます。全部が無理ならば、半分でも3割でもかまいません。

このような、小さいけれど丁寧な積み上げをしていくことで、勉強のプラスの循環が始まるのです。

一方で、親がほかの子と比較して「あなた、○○くんよりも算数ができてないじゃないの」と言ったとします。それを聞いた子どもは、一生懸命努力して頑張るのですが、「今度は△△くんに負けた。あなたはやっぱり勉強が足りない」とか「集中して

ないからでしょう」とか、親がマイナスなことばかりを口にしていると、頑張りを評価されることがないため、子どものなかで努力の価値が積み重なっていきません。すると起こるのが、負のループです。

もしも「わが子の成績が伸び悩んでいる」とか「なかなか報われない」ということを親が感じる瞬間があったとしても、それをきっかけに子どもが「いい努力」をしてくれて、それがうまくつながっていったら、何も心配することはないのです。親がすべきことは悩みにとらわれることではなく、マイナスな要素があったときに「それをどう使うか」なのです。

学校の先生や塾の講師が成績表に書くコメントは、すべてその発想からきています。成績状況については一言ぐらい厳しいことを書いたとしても、その子のなかに芽生え始めているいい芽を見つけて、必ずプラスのコメントで締めくくるわけです。

親子においてもプラスとマイナスをやりとりしながら、子どもの能力を伸ばしていけたらベストだと思います。

子どもはお母さんからマイナスの指摘を受けたら、自分で努力をしてプラスを生みだす。すると、最初にお母さんから受けたマイナスが消えます。ところが、努力した

のにテストでは力を発揮できなかった。ここでまた子どもにマイナスが生まれます。でも、報われなかった努力をお母さんに褒められることでプラスが加わり、プラス・マイナスはまたゼロになります。このように親子でプラスとマイナスを滞ることなくやりとりすることが、子どもを伸ばすよい循環になるのです。

そしてできれば、プラスマイナスゼロではなく、子どもに「プラスワン」が残るような形で、親はフォローしてあげてほしいと思います。子どもが自分で何かをしようとしたこと、そして、その後の結果をきちんと認めてあげること。これを心がけてほしいのです。

この親の少なくともプラスマイナスゼロ、できるだけプラスワンが残るような声かけ戦術は、子どもの「学びの器」をより強固なものに仕上げていくのは間違いありません。

取り組みやすいテストには理由と目的がある

浜学園では、毎回の授業で「復習テスト」と呼ばれる振り返りのためのテストを行っています。復習テストは国語、算数、理科、社会、全部の授業でありますし、小1生～小6生の各学年によっても、クラスによっても内容が違います。小6生の場合は志望コースによっても変わってきますから、今年の小1生～小6生の復習テストだけでも1年間で総数5013本という膨大な種類のテストを動かしています。そのすべてを講師陣が作成しチェックしています。このオリジナルのテストは、浜学園の財産のひとつなのです。

復習テストを、内容も種類も豊富につくることには意味があります。子どもたちに本人のちょっと上ぐらいの目標を持ってもらうには一番有効なのです。

浜学園は能力別クラス編成になっていますが、たまたま復習テストで力を発揮する

ことができなかったためクラスが下がったとき、そのクラスの復習テストは少し取り組みやすいものにしています。実力テストでは露骨に点数が出てしまいますが、復習テストは範囲も限られていますし、復習テストであっても点数がとれたというだけで、子どもの気分は上がります。ちょっと調子を落としている子どもの勉強意欲を立て直し、前向きにさせる手法として、とても効果があるのです。

ご両親の多くは、子どもの調子が悪いときや、成績が落ちているときに限ってみっちり勉強させようとしますが、そういうときは短時間で、より問題数を絞って集中したやり方をとるのが正解です。無理をさせず、目標もちょっと上くらいに設定すればいいのです。例えばクラスで28番の子どもなら、25番に上がれば十分です。

そのうちに、課題が早く終わったり、成績が上がってきたりしたら、本人も気分がいいわけですから、そのときに「もうちょっとやったらどう？」と勉強をボリュームアップさせるのです。

「学びの器」づくりの質を上げるためには、本人の勉強状態がよいときに勉強方法のレベルアップに取り組み、勉強状態がよくないときは、勉強に対する子どもの姿勢が少しでもよくなるように勢いがつく前向きなアドバイスをお願いしたいと思います。

コラム

中学受験・昔の親といまの親

昭和・平成・令和と時代は変わっても「関西最難関」と呼ばれる灘中のポジションは不動で、いまも受験生の人気を集めていますが、灘中を目指す中学受験生の保護者は時代とともに少しずつ変化しているように感じます。

いまから30年ほど前、私が浜学園の講師になって7～8年たった頃は、「もう私は中学受験について全然わかりませんので、先生よろしくお願いします」とおっしゃるお母さんが圧倒的多数でした。お父さんの職業は、当時もいまも医師が目立ちますが、一番の変化は指導に参画する父親の割合が増えたことです。

かつての保護者と比較して思うのは、いまのご両親は中学受験や塾に対してとても理解度が高いため、こちらの考えを短時間でいろいろなパターンで伝えることができます。これはとてもいい変化だと思います。

以前は、保護者向けの説明会でときどき居眠りをしている方もいましたが、いまはまず、そんな光景は見られません。参加者の数も多いですし、みな目を輝かせて熱心に話を聞いてくださる。受け手が真剣な分、こちらも熱が入りますから、説明会そのものもより充実した会になります。

その一方で、かつての説明会には必要のなかった「保護者の心構え」というコーナーをほぼ毎回の説明会で設ける必要が出てきました。説明会全体のなかの20分ほどの時間ですが、そこで参加者に丁寧に注意事項を説明しないと、時に間違った形で伝播していくことがあるからです（193〜194ページに、実際の説明会で使用した資料を掲載）。

インターネットの登場によって、いまは説明会に参加していない方でもさまざまな形で内容を知ることができます。そこで生じるのが、内容をいいかげんに省略した不正確な情報による、伝言ゲームのような誤解です。こうした誤解が生じないよう、こちらの伝えたい内容を正確に伝えるための対策が必要になっているのです。

また、効果的な勉強方法であっても、本人が納得して取り組まないと、なかなか根づかないものですし、結果がすぐに出てこないこともあります。しかしその勉強方法を説明会でお話しすると、さっそく自宅で1〜2週間試されて、子どもがうまくできないと、何度も子どもを注意するというケースがよくあります。私は説明会では常に、「注意」ではなく「アドバイス」をしてほしいとお話しします。「注意」とは1回で言うことを聞いてもらわないといけないことで、勉強方法についてはあまり有効ではありません。「アドバイス」とは10回言ってはじめて1回やる気になってくれたことを成功とする、アドバイス側に我慢強さが求められる言い方です。勉強方法について子どもに話す際は、この「アドバイス」が必要になってきます。

いまの保護者のなかには中学受験経験者もたくさんいます。その分、中学受験というものへの思い入れの強さも感じますし、親御さん自身が受験するかのような勢いも感じます。熱心な保護者は大歓迎ですが、「受験生の親」である前に、「子どもの親」であるということを忘れずにいていただきたいと思います。

保護者向け説明会資料1
保護者の心構え

進学教室　浜　学　園

< 保護者の心構え

- 受験勉強とは今までの勉強と違い、嫌いな教科・苦手な単元を無理やりさせなければいけないので、その環境作りをするために保護者は腹を括る。すなわち、保護者は受験生の努力がなかなか結果につながらなくても我慢して見守り続け、受験生というものはちょっとした環境の変化次第で高い壁を乗り越える力を持っていると信じ続ける。→「受験生は入試当日まで成長し続ける。」
- 子供を信じ、先生を信頼することが、入試合格の一番の秘訣である。保護者の言動・態度を常に子供が見ているので、子供が信じるものを見失わず、受験勉強に対する意欲を持ち続けるように導く。→「先生を信じて頑張れ！」「素直な子供は学力の伸長が著しいので、人のいうことに素直に耳を傾けよう。かといって、依存心は大敵！」
- 受験に関する情報源は、先生について、保護者であることを認識する。ただ、受験勉強の姿勢やその結果について、保護者は子供に注意するのではなくアドバイスを与えるスタンスで接する。３回アドバイスして１回本人が言うことを聞けば良しと考える。また、子供に対しては半ば大人と同じように接し、細かいところまで何度もアドバイスするのではなく、肝心なところを回数を絞ってしっかりアドバイスする。→「アドバイスしたことは紙に書いて勉強部屋にはっておこう。」
- 受験生にマイナス思考の話をしないように努めて心掛ける。従って、たとえ成績が悪かったとしても、合格するためにどのような努力をするかを前向きにアドバイスする。受験校合格に向けて勢いのない受験生は、学力があったとしても、学力を実力どおり出し切る能力が不安定になる。受験生に、勢いを持って受験勉強に取り組ませ、その積み重ねによって少しでも自信を持たせる環境作りが大事である。→「受験校を決めたら、一切迷わず努力せよ。」
- 受験勉強に関して、保護者のトークの引き出しを多く作る。「勉強しなさい。」というワンパターンのトークでは、受験生に勢いをつけてやりにくい。たとえば、入試までの期間を短く区切り、受験生が全体的にその時期に困りそうなことを先に周りが気づき、各期間における家庭での合言葉を作る。→「中学入試は先手必勝、春休みに１歩先んじよう。」「夏休み前を制する者は夏休みを制する。」「夏休みは中学入試の天王山である。」「受験勉強と学校の勉強の両立となる秋を乗り切れ！」「まだ入試までにあと夏休みの２倍の日数がある。」「最後の１か月は今までの１２年間で一番良く勉強した１か月として過ごそう。」

保護者向け説明会資料2
中学受験における保護者心得十か条

進学教室 浜学園

浜学園 学園長の提唱する
「中学受験における保護者心得十か条」

1. 「子どもを信じ、先生を信頼する」ことが、入試合格の一番の秘訣である。
2. 日々の勉強において、「スケジュール作りを習慣化」することと、「重要な事柄をメモに残すことを習慣化する」ことが、効率的学習を促進する。
3. “子どもはテスト中に一番賢くなる”ことを肝に銘じ、勉強は「時間を計って行い、集中力とスピードを磨く」こと。
4. 受験勉強の一番のポイントは、「処理能力と思考力を同時に育てる」こと。
5. 受験勉強においては、「得意単元の持続と、苦手単元の強化を両立させる」こと。
6. 受験勉強においては、「算数に最も重点をおく」、「模試の合格可能性判定を全科目B判定以上に持っていく」、「模試の各設問別正答率のデータを意識しつつ勉強する」こと。
7. ケアレスミスを完全に無くすためには、日々の家庭学習でも常に、入試本番を意識し集中して取り組むこと。
8. 入試本番では“勢い”がものをいう。従って、日頃より子どもに自信を持たせるように仕向けること。
9. 受験にいたるまで、子どもに対し辛抱強く、継続的にアドバイスを続けること。
10. “素直な子どもは学力の伸張が著しい”ことを肝に銘じ、人のいうことに素直に耳を傾ける姿勢を育てること。かといって、依存心は大敵！

第4章

受験本番で最大限の力を発揮する方法

小6にやるべき準備と計画

「小6生」が持つ特別な力

毎年2月になると、浜学園では小学校よりも一足先に新学年がスタートします。中学受験には浪人というシステムがありませんから、その年の1~2月に受験を終えた小6生は卒塾となり、1月まで小5クラスにいた子どもたちが新小6生と呼ばれるようになります。そして翌年の入試合格を目指して、塾ではまた新たな戦いが始まるのです。

こうして毎年多くの子どもたちと出会うなかで、私が強く感じるのは、小学校低学年・中学年とも中学生・高校生とも違う、小6生の子どもたちだけが持つ特別な力があるということです。11~12歳という年齢層の彼らには、特有の「脳力」があるように思います。

彼らが素晴らしいのは、ゲームやテレビといった子どもらしいさまざまな雑念を持

っていながら、一度勉強することに面白みを見いだすと、のめり込むように楽しめるという点です。

低学年・中学年にはそのような集中力はありませんし、中学生・高校生であれば自分の時間もほしいとか、勉強と部活を両立させるとか、勉強しつつもなんらかのストレス発散が必要になります。

しかし、小6生の子どもたちというのは違います。勉強することにはまるとほかに何も必要とせず、四六時中勉強だけを楽しめるのです。

もちろん、個人差はあります。勉強ができる賢い子どもでも、いかに親の目を盗んでゲームをするか、そればかり考えている子どももたくさんいます。

ですが、毎年、小6生のなかには「四六時中勉強だけを楽しめる」、そういうタイプの子どもも少なからず存在し、灘中合格者のうちのごくひと握りとはいえ、実際、浜学園には、そういう塾生が集まっています。

彼らを見ていると、誰かに強制されたわけではなく、自分自身の自然な流れで、食事をしながらも勉強し、移動しながらも勉強しています。

とは言え、この「四六時中勉強派」に固定のタイプがあるわけではありません。彼

らは性格も育った環境もさまざまです。唯一、共通するのは11〜12歳という年齢層であること。この時期に何かをきっかけに「勉強が面白い」と気づいたら、誰でもそうなる可能性を少しは秘めているのです。

ただ灘中合格者の大半は、「四六時中勉強だけを楽しめる」受験生ではなく、「灘中を3回受験して3回とも合格する」という強い志望校意識で、この「四六時中勉強派」に食らいつき「四六時中勉強を我慢してこなしている」受験生集団なのです。従って、前述したような「四六時中勉強だけを楽しめる」受験生に近づけることは大変難しいのですが、まわりの保護者が、子どもたちは想像を絶する灘中合格への気概を持って、そのような環境で大いにストレスをためながら頑張っているということを、しっかりわかっていただきたいのです。

さらに、この灘中受験者の大半である「四六時中勉強を我慢してこなしている」受験生のうち、ピークを小6生の12月、1月に持ってきた子どもの多くが灘中にゴールします。そのためには、どのように1年間を過ごすべきか？

本章では、可能性あふれる「小6生」という時期をテーマに、1年間の有効な過ごし方についてアドバイスしていきたいと思います。

小6生の反抗期は修正可能

教育相談で毎年必ずあるのが、「6年生になって反抗期が始まった。どう対応したらいいだろう」という保護者からの問い合わせです。あるとき、「息子と喧嘩中だ」というお母さんが塾に相談にきました。我々に息子との仲を取り持ってほしいというわけです。その子どもは入塾テストもきちんと合格していますし、一時は上位クラスにいたこともあって、学力が十分に伸びる可能性を持っている子どもです。ところが、小6生になった途端、本人が「勉強しない」と言いだし、家庭学習の課題も常に最初のページと最後のページしかしないと言います。なかなかユニークですが、お母さんはそのいいかげんな課題のやり方を見てものすごく怒り、「勉強しないなら塾をやめなさい」「ああ、もう僕やめるわ」と、親子喧嘩になったということでした。

私は小6生の反抗期というのは、周囲に対して「リアクションできるようになった」

現れだと思っています。

1日中誰に対してもむっつり不機嫌な中学生の反抗期とは質が違って、小6生の場合は、お母さんと喧嘩してプンプン怒って家を出たとしても、塾に着いたら友だちとゲラゲラ笑い合っているというように、怒りを根に持たず、自然に気分の切り替えができるのです。私はそれが偉いと思います。中学生はそうはいきません。

小6生の反抗期は、親がおびえたり怖がったりする類のものではなく、向き合う親や周囲の側がちょっと角度を変えてアプローチしたら、いくらでも修正可能なのです。

例えば、家では親に反発したり言うことを聞かない子どもでも、学校の先生や塾の講師と「この人なら信頼できる」という関係が築けたら、すごく素直に変わります。

これが中学生になってしまうと、学校で多少は信頼している教師に対しても、「何言うとんのや」という感じで反発していきますが、小学生はだいぶ様子が違います。

塾でも、講師側が子どもとの信頼関係を構築できたら、「あの先生が言ったから」と、それだけで本気になって計算練習を10問でも、20問でもやってくれるのです。

子どもとの信頼関係を築くまでには、講師も手を替え品を替え、日々さまざまなコミュニケーションの努力をしているわけですが、親の場合はその倍ぐらい努力しなけ

れば絶対に子どもには伝わりません。親にもそういう「努力の段階」が必要なのです。

子どもの反抗は、彼らが親と向き合うとき、「自分が不利なこと」がある場合に起こることが多いのです。例えば「テストの点数が悪い」とか「勉強がわからない」とか。子ども側にしたら、毎日学校に行って、塾に行って、自宅でも勉強して、それだけでも十分頑張っているというのに、その日常はなかなか親には響きません。ましてや、よい成績をとっても「塾に行ってるんだから、当たり前」と言われてしまう。

日々頑張っていることも認められなければ、成績がよいことも褒められず、悪ければ文句を言われる。子どもに為す術はありません。そんなときに友だちに「面白いゲームあるよ」と誘われたら、勉強を休んで遊びたくなるのも道理だと私は思います。

もしも、その横道にそれそうなところで、子どもに勉強してもらいたいと願うなら、それはやはり親側が折れない限り、うまくはいきません。

例えば、教育相談の場でも、私がお母さん側ではなく子ども側の味方に立ち、「いろいろお母さんは言うけど、キミのほうが合ってるかな」と口を添えると、それだけで彼らは聞く耳を持つようになってくれます。聞く耳を持ってくれたら、あとはちょっとずつ変わっていきます。小6生の反抗期はまだかわいいものなのです。

小6生で失速するパターン

「四六時中、勉強することが楽しくてしょうがない」というタイプの子どもでも、小6生の夏をピークに失速してしまい、入試本番で合格を勝ちとれないことがあります。小学生にとって本番にピークを合わせるというのは、なかなか難しいものなのです。

子どもがすごく勉強に集中しているときというのは、食事中も移動中もかまわず、とても前向きな状態で勉強漬けになっています。

そんな彼らでも睡眠時間は確保しなければならないですから、それを優先すると、1日のなかに勉強以外のことをする余裕はなく、起きているあいだは、学校・塾・家庭学習（課題）・自主的な勉強と、「常に頭を働かせている」ことになります。この集中した状態が続くことで、「解答をつかむスピード」が「瞬時」になってくるのです。

ところが、そのピークの時期によっては、勉強の勢いが失速する場合があるのです。

小6生の春先から夏にかけての時期をそういう状態で過ごした子どもが、そのまま年明けの入試本番まで走り続けられればいいのですが、1年近くをトップスピードで走り続けるのは容易なことではありません。

例えば、体調を崩したり、ちょっとしたことがきっかけで脱線すると、勉強のリズムが崩れ、「過去の勉強の蓄積」に頼ろうとするようになります。

問題に対するアイデアや、じっくり考える力というのは、そんなに急になくなるものではありませんが、ここで問題になるのは、まず「精度」です。

経験則の積み上げによって得た「パターン能力」の精度というものが、脱線という間を置くことで、短期間のあいだでやはり少し鈍ってしまうのです。

現時点でまだ、多少学力が劣っていても「いま」勉強が楽しくて、常に自分で考えてワクワクと取り組んでいる子どもと、「過去」の知恵で戦っている子どもとの勝負は、かなりの確率でやはり前者に軍配があがります。これが、「中学入試の合格確率を上げるひとつのポイントは勢い」と言われるゆえんです。

ライバルより能力があっても、勉強のピークがずれてしまったことで、「勢い」で負けてしまうケースが中学入試には本当にたくさんあります。

しかし、もともとの能力が高いばかりに、すでに勢いを失い、過去の蓄積に頼る状態になっていることに、親も子どももなかなか気がつきません。

親は逆転されたことが許せず「いままで勝っていたあの子になんで負けたの？」と、子どもを責めますし、子どもは子どもで、自覚がないので「ちょっと夏休みボケで9月、10月とあんまり勉強してなかったからなぁ」などと思っています。

このようなケースの場合は、逸早く親が子どもの変化に気づいてあげて、焦らさずに11月からでも再度ペースを上げて12月・1月と「四六時中勉強を我慢してこなしている」受験生に仕上げていけば、もとの蓄積があるのでまったく心配いりません。夏休みが終わって学校が始まり、9月・10月には勉強のペースを崩す受験生がたくさんいるという情報を頭に入れておけば十分に対応できるのです。

従って、大半の受験生は小6生の春先から夏休み前までは短時間の集中した勉強に取り組み、夏休みに一度「寝る以外は勉強」の精神で「四六時中勉強を我慢してこなしている」受験生に近づく努力をしてほしいです。そして、秋は短時間の集中した勉強に戻して睡眠をしっかりとって乗り切り、夏の経験をもとに12月・1月と「四六時中勉強を我慢してこなしている」受験生に仕上げていくのが一番いいと思います。

「目標校」の動機づけ

「目標校」とは、子どもが勉強するうえで「目標」として掲げる学校のことです。それがのちに「志望校」や「受験校」に変わっていくことを親は大いに期待して子どもに頑張らせますが、志望校や受験校というのは、実際の入試に関わるもので、これがリアルな成績をもとに具体化するのは、一般的に小6生の春以降になります。目標校というのはその前の段階にあるもので、掲げることで勉強のモチベーションアップ効果が期待できます。

しかし、目標校の動機づけの方法は、低学年、中学年、高学年で異なります。

例えば、灘中を目標校にする場合でも、学年によって子どもへのアプローチが違うのです。子どもを前に座らせて学校案内を片手に長々説明したり、むやみに見学会に行ってもあまり効果は期待できません。

特に、低学年の場合、学校についていくらくどくどと説明しても彼らの食いつきはとても悪いです。それよりも「その学校の問題を自分が解けた」という体験が、ひとつのきっかけになったりします。彼らは小学校に通っている期間がまだ短く、勉強にも慣れていません。算数の問題でも、本人なりにちょっと苦しみながら、いろいろと解き方を書いたり、あてはめたりしていきます。その分、正解して自分が評価されたり、褒められたりしたときの喜びがとても大きいのです。

私は低学年の授業で、「これ、灘中の問題や」といって出題することがありますが、そのあとに丸つけをして、子どもが「正解！」となったときに「このまま頑張ったら灘中に行けるんちがうか？」と声をかけると、彼らは目を輝かせて喜びます。彼らは幼いなりにも、灘中が関西で一番難しい学校であることや、優秀な人がたくさん卒業した学校であることはわかっています。「その学校の問題が解けた＝自分がその学校に関わることができた」という「一瞬」、それが子どもたちの心に強い印象となって残るのです。

次に、中学年くらいになると、親も少しずつ学校の話をしたり、自分や友だちの兄・姉の受験の話も耳にするようになります。この「兄・姉の受験」を通しての情報が、

彼らの目標校設定に大きな影響を与えます。

小4生にもなれば、本人のなかで目標が具体的になってきて、「僕は灘中に行きたい」「将来は東大あるいは京大に行って、医学部に進んでお医者さんになるんだ」と、周囲に話すようになります。もちろんこの時期はまだ、現実的な勉強の努力はそこまでできていませんが（子どもにとっては、まだ「憧れとしての目標校」で、その目標校に合格するために朝早く起きて計算練習をしたり、嫌いな教科・単元を自分のために前向きに勉強したりするような意識ではまったくありません）、「この学校に行きたい」という目標の位置づけが明確化してきて、文化祭や学校見学会などに積極的に行くようになります。

そして、高学年です。彼らに目標校を動機づける場合は、ある程度の「現実感」が必要です。例えば、本人の成績表やノートやテストの答案をもとに、本人のいいところと悪いところを両方、親子で具体的にチェックしながら、目標校をイメージしていきます。このとき大切なことは、親が一方的に情報を押しつけるのではなく、子ども自身が聞く耳を持つように「提案」するということです。

6年計画で勉強をしていく場合なら、低学年は「さわり」の動機づけ、中学年は「ちょっと名前を聞いたことのある学校に向けて、自分の目標を持って頑張ろう」という

スタートライン、そして現実感のある「身近な目標」として具体的な学校名を掲げられるようになるのは、小5生の高学年になってからです。子どもたちの意識の差を踏まえて、家庭でもその年齢に合わせた提案を心がけてみてください。

いつも説明会では、「小5生は6年間で一番難しい学年だ」ということをよく話します。というのも小5生の「目標校」の意識としては、小6生というよりは限りなく小4生に近い「憧れとしての目標校」なのです。そのため、保護者が「僕（私）、頑張るわ」という言葉を信じすぎて、努力が伴わない子どもとバトルになってしまうことも少なくありません。

ただし小5生の勉強内容は、小4生までと比べると、少し内容が難しくなり、徐々に入試問題につながっていく割合が多くなってきます。この時期保護者は本格的な受験勉強（小6生）の準備をどうすべきか悩むものです。結論として、私は小5生は、小6生のスタートの段階で十分に余力がある前提で、小5生の理想の勉強状態の7割でもしっかりこなすことができたら、受験勉強を本格的に始める準備としては成功ではないでしょうか、と話をしています。

志望校と受験校は違う

入試が現実的になる小6生になると、夢や憧れの「目標校」ではなく、自らの学力を基準とした「志望校」と「受験校」を具体化していかなければなりません。

浜学園の場合、最難関コースのみ小5生を受験勉強のスタートと位置づけているため、多少のずれはあるのですが、全体的には小6生に進級したら「志望校」を決めていきます。

「志望校」とは、その字の通り「志す学校」です。

このときの「志」の基準というのは、模試を2回受けた場合に、そのうちの1回でA判定または合格圏に入ったことがあるというレベルです。つまり五分五分ですから、まったく安心はできません。ですが、本格的な受験勉強がスタートする小6の春の段階では志は高くていい。これを志望校とします。

なお浜学園では、月に1回「公開学力テスト」という実力テストを実施し、小6生の6〜12月の模試のデータから算出した平均偏差値（9〜12月の模試データに2倍の重みをかけた値）を1月の入試結果と照らし合わせて、上からの累計合格率80％の偏差値ラインを受験承認圏として「A判定」と定めています。また、上からの累計合格率70％の偏差値ラインを準受験承認圏として「B判定」と定め、上からの累計合格率60％の偏差値ラインを合格可能圏として「C判定」と定めています。

一方、「受験校」というのは、実際に願書を提出して受験する学校のことを指します。このなかには、滑り止め校を含めた併願校も含まれますが、受験校を決めるのは、小6生の秋以降の話です。

夏までは高い志を持って、自分の学力よりも少し高めの志望校を設定しておき、秋や冬になった時点の学力で、その志望校に「行けそうだ」となって、その学校を受験校として決定できればベストです。志望校にチャレンジ可能なレベルまで学力が伸びなかった場合には、ワンランク下げたところで受験校を考えることになります。

ところがなかには、志望校と受験校を勘違いして、小5生の終わりや小6生の早い時期に、父親の出身校であることや自宅に近いことを理由に「この学校を受ける」と

決めてしまうご家庭があります。これはちょっと気をつけたほうがいいと思います。なぜなら、志望校の設定次第で、子どもの学力が伸びることもあれば、逆に伸び悩んでしまうこともあるからです。

例えば、小6生の春の時点で、偏差値が60以上ある子どもがいるとします。彼は普段から偏差値63や65という数字を出し、灘中にも行けるかもしれないというぐらいの成績です。そして、家庭で受験を決めた学校の偏差値は58です。この春の段階では、十分余裕を持って彼は合格圏内です。

ところが、その子が小6生の夏を経て、秋になったとき、偏差値が58に下がってしまいました。本人は勉強をサボったわけではなく、変わらずに頑張っていたにもかかわらず、春に家庭で決めた受験校に合うレベルになってしまったのです。

伸び悩みには、理由があります。浜学園の模試を受ける約2800名の集団があったとき、この集団が小6生の春（4月）に頑張る平均度合いと、夏（8月）の模試で頑張る平均度合いが全然違うからです。春の時点では、まだ学力の弱かった子どもたちが、4月から8月の間に勉強を積み上げていくことで、偏差値の値自体が成長するわけです。

そこからさらに秋、冬、そして入試本番前と、子どもたちはメキメキと学力を伸ばしていきます。春の段階で合格圏にあった学校が、入試本番でも合格圏にあるとは限らないのです。伸び悩みやまわりの成長に遅れをとることを回避するためにも、6年生の夏までは高めの「志望校」を設定することをおすすめします。志望校を目指して勉強を積み上げて学力を伸ばし、受験校は最後に決めるのがセオリーです。秋になって偏差値が高ければかなり本物です。それでこそ余裕をもって受験校合格を達成できますし、ワンランク高い学校にも挑戦することが可能になります。

小6生の春にすべき準備と目標設定

「あと1ヵ月あったら、なんとかできたのに」「あと3ヵ月あったら、合格していたと思う」。これは毎年合格発表のあとに、耳にするセリフです。もちろんその気持ちはわかりますが、受験に「もしも」はありません。この悔いを残さないためには、小6生になった時点でもう入試本番まで1年ないことを意識して、早めに本気で動きだすことが重要なのです。

浜学園では、小学校より早く毎年2月に新学年がスタートしますが、新小6生の保護者向け説明会では、前述したように「入試が、夏にあると思って準備してください」と必ずお伝えしています。まず本気で親がそう思わないと、子どもは動かないからです。

新学年が始まる2月頃というのは、塾内に受験を終えた旧小6生の合格結果が掲示

されています。それを見て、「○○先輩が灘中に受かった」とか「△△小の子が神戸女学院中に合格した」とか、新小6生の子どもたちも1ヵ月くらいは受験に意識を持っています。

ところが3月ぐらいになると飽きてきて、「小6になったから頑張ろう！」と新しく買ったノートも進まなくなり、そのうち放置してしまいます。「入試まで、まだ約1年ある」と、悠長に構えているからです。

しかし、夏に入試があると仮定したら、3月の時点ですでに半年を切っています。入試の半年前でそんな腑抜けた状態ではさすがにまずい。保護者の方にはその想像力を働かせてもらい、入試が夏にあると思って本気で準備してもらうわけです。

2月の段階から親が指導を始めると、子どもたちにも少しずつ受験生であることの自覚が芽生えます。自分から動き始めますし、毎朝の計算練習にも向き合うようになる。でも、なかなか毎朝はできません。やる気は見せますが、課題も10問あったら5番までしかできない。間違い直しもしようとするけど疎かになる。2月、3月はそれでいいのです。それを見守ってください。

春先はこのような失敗を繰り返しながら、4月、5月、6月と反省し、子どもたち

は「受験勉強って、なかなか難しいんだな」とか「目標を立てても、思い通りにいかないな」と、実感することになります。それを学ぶことに意味があるのです。

そして、「夏の入試」に向けた親子の目標も掲げます。

一般に「夏休みを制する者は受験を制す」とか「夏休みは受験の天王山」と言われますが、先手必勝を掲げる中学入試にとって大事な4～6月なら「夏休み前を制する者は夏休みを制す」という目標を家族で掲げてほしいと思います。それを紙に大きく書いて自宅の子どもの机のところに貼っておくのです。最初は親が代筆したらいいと思いますが、そのうち本人に書かせるようにします。これも入試本番に向けての予行練習。ひとつの意識づけです。

新学年に上がった春の段階から、夏に入試があると思ってスタートを切ることで「あと1ヵ月あれば……」という後悔をすることはなくなるはずです。「スタートは切ったもののなかなかうまくいかない」という、春先の失敗経験が後に大きくものを言うのです。

日常生活も受験モードに切り替える

親子が本番で悔いを残さないために、夏に入試があると仮定して準備することはとても有効ですが、このとき勉強だけでなく、子どもたちの日常生活も少しずつ受験モードに切り替えていくことが大切です。

生活面でのひとつ目のポイントは、「勉強（＝自分のしなければいけないこと）を全部きちんと済ませてから、ほかのことをする」という習慣づけです。お茶を飲んで休憩する、テレビを観る、友だちと遊ぶ……それよりも先に、勉強をするように指導していきます。

でも、春先の2～4月の段階では、子どもたちの大半は結局うまくいきません。

次に、夏休み前の5～7月中旬になったら、「短時間の集中した勉強」という目標を掲げ、ハードルを一段上げます。

「夏休み前を制する者は夏休みを制する」という合言葉をもとに「短時間の集中した勉強」という目標を掲げると、子どもたちは「ストレスを発散したい」とか、「自分はある程度オフの時間をもらわないと、効率よく勉強できない」と言いだします。そうして勉強の合間のわずかなオフタイムを狙って、テレビやゲームなど、彼らはとても忙しく予定を詰め込みます。

しかし、小6生の夏休みを前に、勉強の内容が濃くなったり難しくなったりしてくると、少しのオフタイムも全力で遊び過ごしている子どもたちは休憩時間の超過が始まりだんだん疲れ切ってしまい、本来、頑張らなければいけない勉強が進まなくなります。勉強のボリュームがまだ少ない春先のうちであれば、友だちと遊んだり、スポーツを楽しんだりと、うまく勉強と両立していけることもあるのですが、小6生の5月〜7月中旬における夏休み前の学習内容ではなかなかそうはいきません。

オフタイムも遊びを頑張ってしまうことで、自分の体が疲れて、勉強がはかどらない。この夏休み前の時期に、その失敗をあえて身をもって経験させるのです。

そうして夏休みを迎えると、「寝る時間以外はすべて勉強」という生活が、子どもたちも納得した状態で本格的に実現するための計画を立てることになります。

とは言えこの時点でも、そんなにうまくいく生徒ばかりではありません。「寝る時間以外はすべて勉強」という目標を掲げて、計画表をつくったもののうまくいかず、書いた計画表を破って、また書いてまた破って、親と喧嘩して……ということも、本当によくあります。

その結果、夏休みが明けた9月になって、成績が落ちていることもあります。

そのとき、保護者にお願いしたいのは、子どもを責めたり、成績を嘆いたりするのではなく、「絶対に中学受験をあきらめてはいけない」と、しっかり子どもに伝えることです。

例えば「夏休みは『寝る時間以外は勉強する』と、あなた自身が決めた。そして、あなたなりに頑張ったけれど、9月の成績は芳しくなかった。あなたなりに頑張ったと言っても、やると言った算数のテキストも途中から飛ばして全然やっていなかった。それを責めるつもりはないけれど、それでこの成績になったのだから、本当に灘中に行きたいのであれば、ライバルが夏休みに寝る時間以外はすべて勉強をした分、この9月にしっかり自分で取り戻しなさい。それができるのであれば、灘中目指して頑張りなさい」というような声をかけてほしいのです。

受験モードというのは、ある時期にパッと切り替わるものではありません。数々の練習を重ねながら、失敗経験を積みながら、徐々に「親と子で考える受験勉強」が変化していくこと、深まっていくことだと、私は思っています。

親が一方的に「これが受験モードだ！」と理想を掲げても、その理想通りにいく子どもも稀にはいますが、やっぱりうまくいかない子どもが大半であって、もっと言えば同じ親から生まれたきょうだいでも、お兄ちゃんは全然苦労しなかったのに、弟はまったくうまくいかない、というケースもたくさんあるわけです。

常に親子でひとつずつ目標を掲げ、段階を踏みながら、前の段階で得たものを次のステップに持っていって、順々にレベルを高くしていく。親はテーマを変化させながら、そのひとつひとつの手ごたえを、子どもと一緒にしっかりつかんでいってください。これがあるとき、気がついたら、「受験モード」と呼ばれるようなものになっているのではないかと思います。

夏休みの計画表のつくり方

学校のない夏休みという時間をどのようにして使いこなすか、事前に親子で計画表をつくり、保護者の方には上手にリードしていただきたいところです。

浜学園のデータでは、夏休み前に成績が上向いてきていた子どものだいたい8割近くが、さらに夏で上がっています。

つまり、夏休み前の5〜7月中旬の時期に、「お母さん、僕は夏休みに頑張るから、いまはちょっとゲームさせて」とか「夏休みは集中して勉強するから、6月までは野球もさせてほしい」と言っていた子どもたちの夏の伸び率は、残念ながらあまり高くないということです。

これはどうしてかというと、彼らは夏休みに入ったときに、結局ゲームや野球をやめるということとの戦いで時間を潰されてしまい、集中した勉強に入っていくのがほ

かの子どもたちよりも一歩、二歩と遅れてしまうからです。

夏休みの40日間というのは長いようで短く、前々から効率よく計画を立て、作戦を練っておかないと、貴重な夏の時間を生かせません。

とは言え、夏の計画表づくりも、親にとっては悩ましいものだと思います。

そこで夏休みの「寝る以外は勉強」計画表をつくるうえでのアドバイスですが、40日間もある夏休みの計画表の場合、初期は焦らず、「中盤の8月のお盆あたりから夏休み終わりの1週間」が最も充実したスケジュールになるように、流れをつくるのが上手な方法です。夏休みの前半は途中、何度もうまくいかないことがあるはずなので、それを前提にしながら、中盤から後半にかけて「1分1秒を大事にする勉強姿勢」に少しずつ近づければ大成功だと思っています。

次に、1日のスケジュールです。これは朝の時間帯から組んでいくと思いますが、大事なポイントは「やるべき勉強はすべて先に済ませる」ことです。それをきちんとやり切ったら睡眠を十分にとるようにします。必ずそのルールを守って組み立ててください。

子どもというのは、ひとつの勉強をやっている途中で休憩を入れたがります。

しかし、彼らの言う通りに途中休憩をはさんでしまうと、勉強がきちんと終わらないばかりか、勉強に上げるべき腰がどんどん重くなってしまうのです。

そうなると、起こりがちなのが親子喧嘩です。喧嘩の時間は計画表には入っていませんから、結局、その日に予定していたタスクはこなせず、綿密に練った時間配分も生かせず、親子とも消化不良に終わります。

1日がうまくいかないと、翌日の流れにも影響が出て、結局40日間を有意義に使いこなせないまま夏休みが終わってしまうことにもなりかねません。

それを避ける一番の秘訣は、あらかじめ「そうそう計画通りにはうまくいかないだろう」という考えを持って計画表をつくることです。詰め込みすぎの、親にとって理想的とも言える計画表が、最も失敗率が高いことを覚えておいてください。

結局は、「子どもが勉強だけに集中する環境づくりをすること」が大事になると、私は思います。当然、受験勉強に興味を持たせることは非常に難しいのですが、そのほかに興味を持つことをすべて排除することは可能です。親の情は禁物で、親が腹を決めてそのような夏休みの環境をつくり上げるのです。ゲーム、テレビ、スマホ、友だちとの遊び、好きな運動、読書、マンガなどもすべて禁止です。

子どもは目的をふたつ以上、持てません。徹底的に目的を勉強ひとつに絞り、受験勉強で疲れたら睡眠をとらせるようにします。夏休み中は7月中旬までと比べても、1時間くらい多く睡眠をとらせるように環境づくりをするのもひとつの方法です。

子どもとしっかり話し合って、まぐれではなく、仮に第一志望校を3回受けたら3回とも合格できるような確実な力をつけたいなら、「寝る以外は勉強」の精神で40日間頑張ってみたら、とアドバイスしていただきたいと思います。この夏休みの大変な苦労、「もうこんな夏休みは二度と過ごしたくない」という思いが、9月からの模試で、受験生の1点、1分の重みに本当につながっていくということは間違いありません。

偏差値50とどう向き合えばいいのか

塾が行う模擬試験は、小6生の夏休みを終えた頃から、秋、冬、そして年明けの入試本番に向けて徐々に内容も本格化し、その成績の持つ意味合いも高まってきます。

そこで気になるのが「偏差値」の存在です。

偏差値というのは、テストを受けた集団のなかで自分がどれくらいの位置にいるかを表すもので、「平均点＝偏差値50」になるように変換し、その基準からどれくらい高い（または低い）値だったかを表します。

偏差値50という数字とどう向き合うかというと、特に弱点教科、単元を考える場合のひとつは真ん中のラインから見て上であるか下であるか、そして普通の小6生が二人に一人は正解する問題を落としているかいないかを見極めること。この意識を持つことが大切です。

例えば、灘中オープン模試を受験する子どもたちというのは、倍率3～4倍の集団のなかで、算数・国語・理科の3教科平均で合格ラインは偏差値55前後という数値となりますが、灘中オープン模試で合格している生徒の成績を教科別でみたときに不得手な教科が偏差値50ということもあります。

偏差値50というのは平均ですから、この場合の50という数字はすごく悪いラインというわけではなく、悪くともここで止まっているという見方をします。

これが偏差値50未満の場合は、周囲のみんながさして苦労することなく解けている問題を落としているということです。ですから、たとえほかの教科で頭抜けた強みを持ち、弱点をカバーする自信があるとしても偏差値50までは引き上げが必要です。

最難関・難関中を受験するのであれば、その学校を目指す受験母集団のなかで自分の苦手教科や単元であっても偏差値で言えば50、平均点で言えば平均点以上を「最低基準として安定させていく」ということです。

また、問題のレベルについても偏差値を使って表現することがあります。

一般にテストというのは、平易な基礎問題から応用問題、さらに難問、超難問と、1枚のテストのなかに、さまざまなレベルの問題がちりばめられています。

例えば、最難関中と言われる灘中を目指している場合、灘中オープン模試で偏差値60前後を意図した難問レベルの問題であれば間違えてしまうこともありえますが、偏差値50前後の普通レベルの問題を間違えるということは、「問題を解く感覚が完全にずれている」ということです。これは絶対に間違えてはいけない問題で、入試でも痛手になります。

なぜなら、最難関中の過去の入試問題から「偏差値50レベル」の問題を探すと、3割前後はあるからです。最難関中の入試には、超難問も、合否を左右するボーダーラインの問題もたくさん出題されますが、肝心のみんなが確実にとってくるであろう偏差値50の普通レベルの問題という「土台」のところで、全体の3割前後をひとつでも落としてしまっては勝負になりません。ただ、灘中の普通レベルの問題ですから、一般的な中学入試で言うと「そこそこ難しいレベルの問題」であることは言うまでもありません。

もしも、最難関中を目指している子どもが、模擬試験などで偏差値50以下の問題を間違えた場合、その問題に対して鮮明に記憶しておくことが大切です。

なぜなら、その後も同じような間違いをしかねないからです。その子どもにとって、

内容的にあまり好きではないタイプの問題かもしれませんし、その単元の勉強そのものが手薄になっているということもあります。

こういう場合こそ、117ページで紹介した「弱点対策ノート」を利用してください。しっかり解き直しをしたうえで、問題と解答・解説をきちんと記録し、過ちを繰り返さないように記憶に刻むのです。そうして、模擬試験や入試本番の前には必ず「弱点対策ノート」を振り返るように心がけましょう。

1回ごとのテスト成績で一喜一憂しない

受験生が必死に勉強に取り組んだ夏休みが終わると、入試本番まで約4ヵ月半となり、春先や夏休み前の不安とは違う気ぜわしさを感じるようになります。40日間の夏休みを「計画表通りに充実して過ごせた」という家庭もある一方、「あっという間に終わってしまった……」と、後悔や焦りを感じる親子も少なくないかもしれません。ただ、毎年夏期講習で小6生を教えていますが、春先と比べると集中している子どもたちがかなり増え、みな受験生らしい表情に変わってくるという印象が強くあります。そこで、この秋は集中できた夏から失速させないように、受験生をうまく頑張らせてほしいと思います。

しかし、9月はじめから10月末までのあいだに、保護者に心がけていただきたいのは、弱点に関しては親子で話し合いながら対策をするとしても、まだ本番まで4ヵ月

半残っているこの時期に「志望校を変えたほうがいいかな？」とか「こんな成績で行けるだろうか？」という受験校に関する親子の相談を一切しないということです。するとしても2ヵ月に一度だけにし、例えば10月31日だけ、いままでの2ヵ月間の模擬試験の成績表を見ながら、志望校を受験校に決定する相談をしてください。くれぐれも毎週のように子どもと迷うことだけはしないでください。

この頃になると、塾のテストや模擬試験の成績に敏感になり始めますが、そこで「成績表」との上手なつき合い方についてアドバイスしたいと思います。

子どもというのは、1回ごとのテストの成績に一喜一憂します。

その結果、自信を持ったり、反省したりしますが、彼らのその反応はとても近視眼的な見方です。つまり、1回、1回の「点数」しか見えておらず、本当に克服すべき「弱点」はつかめていません。彼らにそれを把握させるためには、親が俯瞰的な成績表の見方を提示してやらなければいけないのです。

小6生の夏休みも終わると、テストや模試もある程度の回数を重ねていると思います。そこで、先ほど述べたように10月31日に9月・10月の2ヵ月間のすべてのテストの成績表を冷静に見るのです。そのすべての成績表をテーブルの上に並べて親子で話

し合うと、ただ悪かったと思っていたある模試の算数の点数が、ほかの模試のテストと一緒に見ることで、次の勉強につながる有意義な材料となることがわかるはずです。そうすれば、受験校を2ヵ月のあいだで何回か変えるようなことには、絶対になりません。

こうして複数の成績表を一度に俯瞰することで、子どもは1回ごとに一喜一憂していたときには見えなかったものが見えるようになります。

例えば、点数の良し悪しにかかわらず、自分が絶対に落とさない「強い単元」が見えてきます。一方で点数そのものは高いけれど、そんな調子のいいときでさえ間違えてしまう「苦手な単元」や「問題の傾向」も見えてきます。

親にも新しい気づきがあるでしょうし、総合的な反省や弱点対策もできます。

その都度の点数や成績の上下に一喜一憂するのではなく、親子ともに成績表というものを建設的にとらえられるようになるわけです。

そして、万が一、連続して悪い結果が出て、本人も落ち込んでいる場合であっても、親は子どもの目を見て、今日の晩や明日の努力に影響しないように声かけをしてほしいと思います。

例を挙げるなら「夏休み明けはライバルもみんな頑張っているので、成績の入れ替わりが激しい。集中して勉強できているのなら自分を信じて頑張れば、また成績は回復してくるよ」とか、「夏にあれだけ情報を入れたら大人でも混乱したり忘れたりすることもある。いまは頭のなかの引き出しをしっかり整理しなさい。必ず成績はよくなるはず」と檄を飛ばしてほしいのです。

「わからない」の根源が見えてくる

親子で俯瞰的なものの見方を手に入れると、今度は家庭学習中に子どもがわからない問題にぶつかったときも、うまく整理ができるようになってきます。

例えば、子どもが調子よく勉強していたところに、ひとつの「わからない」が出てきたとき、子ども自身は「自分は算数力が落ちてきたんじゃないか」とか「せっかく成績が上がってきたのに、ちょっと国語力が弱くなったかな」と不安に思います。

決して算数力が落ちたわけでも、国語力が弱くなったわけでもないのですが、大人にとっては些細な「×」でも、子どもにとってはひとつの「×」がとても大きく見えることがあるのです。

そこで子どもが「わからない」と言い始めたら、無理に解かせるのではなく、その「問題」なり「単元」なりをチェックして記録しておきましょう。あるいはその問題

してみます。

を「難問集」に貼っておきます。それが5問、10問とたまったときに、親子で整理を

つまり成績表と同じように、複数を並べて俯瞰でとらえてみるということです。そその作業をすることで、子どもの「わからない」の根源が見えてくると思います。

俯瞰の視点と総合的な判断を取り入れていくと、本当の意味でその子どもの「弱点」が浮き彫りになります。そして、子ども自身も「ひとつだけ見たら悪いけど、全体的に見たら悪くないこと」について悩まなくてよくなります。

これが正しい成績表の見方、使い方です。成績に関して子どもと冷静にいい話ができるのは、だいたい2ヵ月くらいのタームですが、2ヵ月に一度、こうして親子で俯瞰することで、子どもの勉強の充実度も変わってくると思います。

また、テストの直しをしていると、子どもが小5生のときにはできていた問題が、小6生の秋に急にできないとか、わからないということも多々あります。この多くは、小6生になりいよいよ入試のプレッシャーを感じ始め、落ち着いて考えたらわかることもわからないと言って親に八つ当たりしている場合がほとんどです。「また、明日ゆっくりと考えたら」と冷静にアドバイスしてほしいと思います。

小6生の秋は「うまくいかないもの」

中学受験で秋を上手に乗り切る秘訣は、「9月はうまくいかないもの」と思うことです。親が子どもと向き合うときは、それを前提に置いてほしいのです。

夏に集中した勉強時間を過ごした子どもたちも、9月になると再び学校が始まります。朝学校に行って、帰ったら塾に行ってのサイクルに戻るわけですが、秋には運動会などの学校行事も多く、学校生活と塾と家庭学習で疲れ切ってしまう子どもも少なくありません。塾の勉強に専念できた夏休みのほうが、秋よりも充実できていたのは、みんな同じ条件で、特に9月のはじめはこの勉強の習慣に慣れるのに少し時間がかかります。子どもは、自分だけが苦しんでいると思いがちなので、ぜひ「みんな同じ条件である」「みんな同じように苦しんでいる」ことを、何度も繰り返し言ってあげてほしいのです。

この時期に優先していただきたいのは、子どもの生活面と健康面です。従って、「夏休み前の短時間の集中した勉強に戻り、無駄な時間をできる限り減らす」を勉強の合言葉に、睡眠をしっかりとるようにしてほしいのです。

「夏の模試の結果が悪かった。秋から頑張らせなきゃいけない」と、親にとっての理想的な計画で9月をスタートしてしまうと、子どもの成績は雪だるま式に悪くなっていきます。

受験というのは子どもと一緒に歩んでいくものです。「この時期には、何が一番大事か？」ということを、保護者には常に考えていただきたいのです。

9月は家庭学習においても5月・6月と同じで、居眠りやイライラ状態との対決が多くなり本当にうまくいかないことが多くなります。それを親が前もって頭に入れておくことが、この時期のテーマです。子どもが受験勉強に苦しんでいるときは、それを責めたり、不安に思ったりすることなく、「先生も言ってたけど、9月は軌道に乗るまでうまくいかない受験生が多いみたいだよ。『なんとか秋は我慢してうまく乗り切れ』が合言葉よ」と、保護者が余裕を持って接してあげてください。

すると10月は、9月よりもいい動きになります。少しでも勉強姿勢がよくなってき

たら、中学受験はまた攻めていかないといけません。中学受験の結果分析をしていると、やはり入試前の勢いが大事な要因であることがわかります。少し悪い状態が回避できたら、攻めに転じることが必要なのです。

また、秋になると過去問に取り組む回数も増え、今までのルーティンの勉強を大きく変える受験生がいますが、私は大変危険だと思います。今まで自分の実力の礎を築いてきた勉強はしっかりと続けながら、スピードアップして時間を捻出し、そのつくりだした限られた時間でプラスアルファの勉強（過去問や弱点対策）にも取り組んでください。

11月になると、入試本番まで3ヵ月を切り、親子ともに焦りが見え始めます。

この時期に気をつけてほしいのは、「焦り」に振り回されないこと。小学生というのは「焦り」が出てくると、急に勉強姿勢を変えたりすることがあります。

小6生は、学校でも塾でも家庭でも「机に向かって、鉛筆を持ち、ノートに正解を書く」という勉強習慣を身につけているわけですが、心に焦りが出てくると、ごはんのあとにソファーにふんぞり返ってテキストを読んだり、ベッドに入った状態で暗記したり、それまでやったことのない勉強方法を突然始めます。

これが、受験勉強で一番危ないパターンです。私は、小学生が受験本番で最大限の力を発揮するために一番大事なことは、家庭での勉強姿勢と入試本番のテスト中の姿勢がほぼ同じであるということだ、と思っています。

こういう入試とはまったく違う姿勢で勉強を始めた途端、すべてが雑になり、模擬試験などで一気にミスが増え始めます。長い時間をかけて正しい勉強習慣を身につけ、授業も家庭学習もテストも模擬試験もすべて頑張ってきたにもかかわらず、ちょっとした気持ちの焦りから勉強姿勢を変えてしまうと、わかっていることを間違えたり、できた問題なのに最後の詰めが甘かったり、歯車がかみ合わなくなってしまうのです。従って、すべての受験生には入試当日の朝まで「机に向かって、鉛筆を持ち、ノートに正解を書く」勉強を、保護者がしっかりと実践させてほしいのです。

しかし、季節はまだ秋。入試本番まで時間はあります。

親は秋の一時期のテスト結果に一喜一憂せず、そこからわが子が頑張り直せるような環境づくりを心がけてください。焦りが見えたときは、親も子どもも原点に戻ること。それまで本人は質のいい勉強を積み重ねてきたわけですから、親は動じることなく、「いつも通り」の勉強習慣に引き戻していけばいいのです。

小6生の12月の過ごし方
①保護者の声かけ

12月になると街も慌ただしく、中学受験生を抱える家庭では、入試1ヵ月前の落ち着かない気持ちが、さらに増幅される感じがあるかもしれません。

特に、灘中などの最難関中を目指す保護者のなかには、小学校どころか、子どもが幼稚園に入園する前から、中学受験の準備を始めたという家庭も珍しくありません。長い時間、子どもと二人三脚を続けているわけですから、翌月に控えた本番を前に、まるで「自分の入試」のように落ち着かない気分になってしまうのもとてもよくわかります。

ですが、受験するのは親ではなく、子どもなのです。

年が明ければ、試験会場となる教室で、たった一人で戦わなければなりません。

それを前提に、この12月に心がけていただきたいのは、親としての「主観的な評価」

による子どもへの声かけです。そして子どもと向き合うときは、感情的にならず、計画的にアドバイスをしてほしいのです。また、すべてのアドバイスを合格のために「目の前の10点を上げる」ことにつなげてもらいたいと思います。

受験前の追い込み期にあって、偏差値や平均点、成績表といった「客観的な評価」からの子どもへのアドバイスは、塾や講師が全部担っています。

しかし、私たちは日々子どもたちと接し、彼らの悩みや頑張りを受け止めながらも主観的な評価はできません。主観的な評価というのは、親にしかできないことなのです。

家庭学習において、12月の入試1ヵ月前になると、ふとボーッとする瞬間を見かけることがあると思います。私も授業やテストで、いままで一度もボーッとすることがなかった子どもが、入試のプレッシャーを感じているのか、疲れからなのか、その瞬間を見かけることがあります。そんなときは「入試前はそうなる受験生が多いと先生が言っていたからしょうがないと思うけど、自分で乗り越えることができたら、入試ではさらにプラスアルファの得点がとれるようになるそうよ」と強く否定せずにアドバイスしてほしいと願います。

だからぜひ、受験前の追い込み期には「感情論」と「正論」は横に置いて、親は子どもに対して、その子どもがいまの状態よりも、少しでも上向きになるような声かけをしてほしいのです。

例えば、30名のクラスで、本来なら15番くらいをとらないといけない能力のある子どもが、この時期のテストで28番だったとします。テストのときに勢いがなかったのか、何かの原因で単元がうまく正解できていないのか、力が発揮できなかった理由はいろいろあると思います。

誰よりも一番ショックを受けているのは、受験生本人です。

入試本番を翌月に控えた12月のタイミングで、この子どもに向かって「平均を目指せ」とか「これまで以上に解き直しに力を入れろ」というような姿勢で話をしても、決してプラスにはなりません。プラスどころかマイナスです。

こういう場合、講師の立場なら「まあ、あとクラスで4～5人抜いて、下から3分の2ぐらいのところにでも上がろうよ。まず目の前の10点を上げることに取り組もう」と、このような位置づけで話をします。

ところが、ご両親にありがちなのは「いや、灘中に余裕を持って合格するには、ク

ラスの3分の1以上にいないといけない。いま28番だけど10番を目指しなさい」と、変化球を使わずに、まっすぐに正論を子どもにぶつけてしまうことです。

たしかに正しい意見ですし、保護者の必死な思いもわかります。

しかし、入試前にこのような正論を振りかざされたら、子どもは気詰まりするばかりです。結果、やる気をそがれてしまうこともあれば、自信を失う子どももいますし、子どものほうが感情的になって親と衝突するケースもあるでしょう。親子で興奮してしまえば、入試の追い込みという大事な時期に無駄な時間を過ごすことになります。

それが世で言う正論であったとしても、親が頭ごなしに子どもに自分の考えをぶつけると、どうしても感情的になってしまいます。

入試前は特に、親が子どもに伝えたいことを事前に整理したうえで、話す前にもう一度、頭の中で復唱してから、あるいは紙に一度書いてみてから、口にしてください。そうすることで親の声が子どもに届きやすくなります。

また、もし子どもにあえて厳しいことを伝えたいのなら、その後の勉強への勢いが何倍にもなるような言い方が必要でしょう。

例えば、家庭学習でバツが多く、本人が少しイライラしているときは、「腐らずに

直しができている」ことを称賛し、「(春や夏に比べると)解答を見てすぐに直しができるスピードこそが成長の証だ」と言ってあげてほしいのです。受験生にとって「親は心強い味方である」というメッセージを伝えてから、受験生に一番アドバイスしたいことである「直し勉強がしっかりできても、入試本番では1回で正解しなければいけないのだ」ということを強調すると、受験生も聞く耳を持つだろうと思います。

小6生の12月の過ごし方
②受験生がやるべきみっつのこと

12月に入ると、子どもたちの緊張も日に日に高まってきます。小6生の12月の過ごし方として、私は子どもたちにみっつのことを指導しています。

ひとつ目は、12月に入ったらとにかく机に向かい、生まれてからの12年間で「こんなに自分はノートを使ったことがない」「こんなに鉛筆で書いたことがない」というぐらい、すべてをノートにできる限り正確に書くということです。これを子どもには入試前の受験勉強姿勢として徹底指導しています。

本を見ながら何かを暗記するときも、算数の問題を解くときも、すべてノートに書きだします。なぜなら、子どもが手を動かすことなく、頭の中だけでザーッと流し勉強をしてしまったら、結局テストのときにもその習慣性が出てしまいます。子どもたちはこれまで、机に向かって、ノートに書いて考える勉強習慣を培ってきています。

その習慣を最後まで崩さないようにするために、「きちんとノートに正確に書く」ことをしてほしいのです。

例えばこの時期に、問題を10問解いたとして、うち1～2問のミスは出るかもしれません。そこは放っておかずに丸つけの前に必ず見直し・検算をし、全部正解だと確認してから丸つけをします。普段はきちんとできているのにミスをした問題があれば、ミスのポイントを書きしっかり反省します。

ふたつ目は、弱点のあぶりだしです。

そのひとつの方法として、入試前の子どもがまだ至らないところや弱い部分を、あえて講師や親が指摘していくことで、本人に学力を補強させます。つまり「弱点補強を意識させる」ということです。過去の模試などで間違ったところは、テキストの目次に「正」の字で数えていき、回数の多い単元を弱点であるとより深く認識させるのです。そして冬休みに1単元30分から1時間の時間をとって、その単元で「自分で理解した問題」をつくることで、弱点補強をするのです。

みっつ目は、子どもの過去の「勉強における成功体験」と、その「成功理由」を書きだして、本人の目に留まる場所に貼るということです。

勉強における成功体験というのは、例えば苦手だった理科の問題が解けたとか、はじめて算数で90点をとったときのテスト、模擬試験で正答率が低いのに解けた問題や、模擬試験で上位に入った成績表。そういう、本人の自信になる、勉強におけるポジティブな記憶があるものならば、なんでもかまいません。加えて、本人に「そのとき、なぜいい点数がとれたのか」、「なぜ、その難問が解けたのか」など成功した理由を書いてもらいます。それを子どもが普段過ごす部屋の最も目に留まる壁などに貼るのです。

このようなものをなぜ貼らせるかというと、入試前の準備という意味もありますが、小学生にとって一番の効果は「イメージトレーニング」だからです。

中学入試では番狂わせというのがよく起こります。

合格確実と思われていた子どもが残念な結果に終わったり、「まさかこの子が！」という予想外の大逆転が起きたりします。

私が長年、中学受験に携わって感じるのは、小学生というのは試験時に、自分の普段の調子が保てればだいたい合格するということです。浜学園でいえば、D判定ではちょっと厳しいものの、B判定・C判定くらいの子どもまでは十分合格するチャンス

があります。

しかし、例えば国語の大問1問の文章が全然わからなかったとか、理科で嫌いな単元が出たとか、あるひとつの問題でつまずいてしまうと、本来の実力を発揮できないまま、ズルズルと失点を重ねてしまうことがあります。

同じ受験生でも、中3生や高3生の受験生に比べて、小6生は試験中に自分を立て直すということがまだうまくできません。小学生は常にプラス思考ではあるのですが、ちょっと逆境に立つと、人生経験が少ない分、打たれ弱いのです。

しかし、そのままでは、自分の不得手な問題がテストの最初のほうに何問か出ると、自分の実力を出し切れずに焦って自分が正解できる問題まで間違えてしまい、合格できるチャンスがあった入試という勝負に勝てないということにもなりかねません。「試験中に自分がわからない問題に出くわしたら、チェックをして次の問題にいったらいい」。自分でこういう判断ができる強さも持たなければいけないのです。

そこで、強い自分のイメージを刷り込ませるための道具が「貼り紙」なのです。

自分が過去にとった「いい点数」や「成績」を壁などに貼って毎日の家庭学習でわからない問題が出てきたり、集中して考えられなかったりしたときに眺めることによ

って、「同じ小6生相手に、これだけの成績を残せている自分なのだから負けるわけがない！」「その自分がわからない問題なら、ほかのライバルもほとんどわからないだろうから、この問題はあとに回そう」という強い自信を持ち、模試や本番の入学試験中にそのことを「思いだすための習慣」をつくっているのです。

小学生というのは、習慣が身につきやすい時期です。彼らは貼り紙作戦をスタートしてから、およそ1～2週間で自分がポジティブになる方法を身につけます。

以上がみっつのポイントですが、子どもの12月の過ごし方として重要なキーワードをひとつ挙げるとすれば、「習慣を守る」ということになると思います。なぜなら入試本番では、「いつも通り」に力を発揮できる子どもが一番強いからです。12月はその最後の仕上げに「自分を信じる習慣」を身につけて、翌月の入試本番をポジティブな状態で迎えてほしいと思います。

イメージトレーニングで「思いだす習慣」をつける

小6生の入試前の子どもたちには、試験中に崩れることなく自分の力が発揮できるようにイメージトレーニングを指導しています。「強い自分」を信じられることは、中学受験を戦ううえで大きな武器になるのです。

私は、日頃の訓話や入試当日の朝のメッセージでも「自分が難しいと思ったら、相手も難しいと思っている」「逆に自分ができていると思ったら、油断が生じる。そうなるとミス合戦になる」と常に子どもたちに伝えていますが、あえて繰り返し語るのは、小学生はそのようなことを、自分から能動的に思うことが少ないからです。

授業でも試験でも問題を解くときでも、彼らはそのときの雰囲気で、できたら調子に乗りますし、できなかったら落ち込みます。

しかし、入試のテストの最中に落ち込んでしまったら、もう取り返しがつきません。

それを避けるためには、自力で入試の最中に自信を復活させる練習を日頃から積んでおく必要があります。その練習環境として自宅を考えたときに、イメージトレーニングのために過去の「いい答案」や「いい成績」を壁などに貼るという形が考えられるのです。前に述べた貼り紙作戦です。

このイメージトレーニングは、小5生はもちろん、小6生でも春先のスタート時には指導しません。

しかし、入試本番を控えた12月の小6生にはとても重要なものです。

例えば、家でわからない問題が出てきたとき、課題がうまく進まないとき、あるいは悪い成績を持って帰ってきた日、そういうときに貼り紙を眺めて「いい自分」「できる自分」を思いだせば気持ちをポジティブに切り替えられます。このトレーニングの一番のポイントは「自分のいい状態を入学試験の最中にも思いだす習慣」をつけることにあるのです。もちろん、模擬試験や入試の本番では、そこは自分の部屋ではありませんので、わからない問題が出てきて試験会場を見渡しても自分のいい答案、いい成績は貼っていないわけですが、習慣をつけた受験生は、自信を失いかけているテスト中に自分の部屋を思いだして、気持ちを奮い起こして問題に立ち向かうことがで

きるということです。

イメージトレーニングの効果は確実に表れます。

貼り紙を始めてしばらくすると、塾でも小6生の「強気」を感じるようになります。なかには自分の部屋の壁に「いい答案」や「いい成績」を貼っていって、貼るところがなくなったので、次は天井にまで貼っているという生徒も出てきます。中学生や高校生ではこうはうまくいきませんが、吸収力が高く、柔軟性があり、習慣が身につきやすい小学生は、効果が出るのも早いのです。

毎年この時期になると、「こんなに悪い点をとってきているのに、うちの子はなんでそんなに合格するつもりでいるんだろう?」という保護者の声をよく耳にしますが、口だけではなく努力をしっかりと重ねて、いま結果はあまり出ていないけれども、自分で奮発して前向きに勉強に取り組む習慣を身につけた小6生は、入試に向けて成績も徐々に安定していきます。そして、「小6の受験生は、入試当日まで成長する」という言葉通り、1月になると見事に結果を出していく場合も多いのです。

「前受験」は本命だと思って

中学受験には地域によって一斉に入試を開始する「入試解禁日」というものが設定されています。これは受験生の奪い合いを避けるために各都道府県の私学協会の話し合いによって定められたものですが、首都圏の場合、東京・神奈川が2月1日、埼玉が1月10日、千葉は1月20日と、曜日に関係なく毎年同日に解禁となります。

一方、首都圏と異なり、関西圏では大阪・京都・兵庫を中心とした2府4県で「近畿圏統一入試日」が設定されています。例年1月中旬の土曜日ですが、こちらは毎年日付が変わります。

この各入試解禁日の前に行われる他地域の学校の入試を受験することを「前受験」と呼びます。

関西であれば、1月中旬の近畿圏統一入試日からが入試本番となりますが、その前

に、東海の海陽特別給費入試や、四国の愛光中、北海道の函館ラ・サール中、北嶺中など、早々に関西の会場を借りて入試をスタートする他地域の学校があります。それらの入試を利用して、関西での本番の入試に向けた準備をするのです。

前受験は、本番のための入試のシミュレーションですが、このとき大事なのは「前受験は、本命校だと思って受験する」ということです。

なぜなら、11~12歳の整理能力というのは、大人が思う以上に未熟なものです。本命の入試の前夜に、あれこれと準備させてもスムーズにはいかず、それを見た親はイライラし、はては親子喧嘩が始まることだってあります。しかし、本命の入試前夜にそんなことをしていたら、翌日の本番をベストな状態で受けることなどできません。そのような最悪の事態を避けるために、前受験で予行練習するわけです。

「前受験は本命と思って」と私が言うと、子どもは「そうか。先生がそう言ってるから、明日は灘中の受験と思ってやってみよう」と、それほど抵抗なく受け入れます。

しかし、問題は保護者です。前受験の3日前になって、子どもに「あれ、試験日いつだっけ?」と平気で尋ねるわけです。これは灘中の入試3日前に「試験日いつだっけ?」と聞いているのと同じなのです。

前受験を、単なるお試しのように思ってはいけません。それを上手に使うことが、本命の入試を成功させる一歩なのです。

灘中を志望しているのであれば、この前受験を使って、灘中の受験前日にすべきこと、当日用意するもの、何もかもをその通りの手順でやり、前受験を灘中の偏差値で合格してくることが大事になります。前受験は12月中旬から1月初旬に実施されるので、灘中の本番まであと約1ヵ月から2週間というところです。

ですが結局、子どもたちは前受験で見るべき弱点対策ノートを見忘れて、その内容が入試に出てきたり、ミスパターンノートをしっかり確認せずに同じミスをしたりして「完璧な予行練習」とはなりません。

その失敗を経て、灘中の本番までにどう修正するか？　それを親子で知ることが前受験の大事な役割であり、悔いのない中学受験をするひとつのポイントとなります。

前受験で必ず合格をとる

前受験のメリットは、ひとつは本命校の入試のシミュレーションができること。

そして、もうひとつは「合格」という二文字をつかめることです。

学校によっては前年の12月から試験が始まるため、自ずと合格発表も早くなります。前受験をすることで、早々に入試の緊張感を体験させ、合格することによって自信をつけることも可能になるのです。

全受験生にとって「合格」の二文字は喉から手が出るほどほしいものですが、特に「勢い」が結果を左右しがちな中学受験では、ここで合格をとっておくことが精神的にも大きな担保になるのです。

とは言え、前受験と言えども入試は入試です。

必ず合格がとれるという保証はどこにもありません。前受験での合格率を上げるた

めには、子どもの学力レベルを把握し、受験校を精査して、「確実に合格を狙っていく」ことも非常に大事なことなのです。

例えば、最難関と言われる灘中を志望している子どもでも、約２８００名が受験する公開学力テストで偏差値60以下の学校を最低2校は検討しておくべきです。

なぜなら、毎年よくある失敗は、「第一志望よりは偏差値が低いから、わが子ならば合格するだろう」という甘い見込みで、偏差値60以下の学校を1校だけ前受験する受験生がいます。ただそのような受験生がたくさん集まると、なかには残念ながら不合格になるケースも出てきてしまいます。

仮に第一志望にしている本命の学校のA判定が偏差値64の場合、偏差値57、58あたりの学校を併願する子どもが多いのですが、前受験で合格を確実にしたいのであれば、このレベルの学校を必ず2校以上受験するようにしてください。

本人にとっては実力よりかなり下の学校であっても、その子と同じような偏差値を持ったライバルたちも同様の学校を併願する可能性が高く、ライバルが10名、20名と受験してきたら、一人はまったく実力を出すことができずに残念ながら不合格になってしまうということもありえるということです。実際に、浜学園の卒塾生のなかには、

前受験で落ち、灘中に合格したという子どもがいます。

また、普段は偏差値65前後を比較的安定してとっている子どもでも、時に模擬試験では偏差値55くらいにガクンと落ちてしまうことがあります。試験に出た単元がたまたま苦手だったり、体調がすぐれなかったり、テストの最中のモチベーションが低かったり、理由はいろいろ考えられますが、それが偶然前受験日とあたってしまったら、第一志望よりもワンランク・ツーランク低いレベルの学校であっても、1校だけの前受験だと本命の受験に向けて「合格」という二文字をつかむ体験ができないことになります。そこで最低2校は受験しておくと、万が一の場合でもどちらかで合格をつかむことができます。

もし、本番の灘中入試のシミュレーションとしての前受験を1校しか受けずに不合格になって、自信をつかむことができなければ、これは作戦ミスとしか言いようがありません。その後、さらに難しい「本命校」に向かわなければいけないというときに、こういう失敗をしてしまうと、子どもにとっても親にとっても大きなダメージになるのです。

前受験をする際には、「子どもの普段の成績ならば余裕を持って合格できる可能性

のある学校2校以上」と、「それなりの偏差値があり入試の緊張感を体験できる学校1校」の合計3校を準備しておくと万全です。

もしも子どもが、余裕があるほうの1校は合格し、それなりの偏差値のほうの1校を落としてしまったとしても、ひとつでも「合格」を手に入れた子どもは、精神的にも余裕が持てますし、本命に向けての強さと勢いが違ってきます。もちろん、不合格になった前受験の原因を分析し、本命受験の合格に生かすことができれば、第一志望校のシミュレーションとして「最高の前受験」となるわけです。

入試に100％はありません。中学受験には番狂わせも起きます。

受験シーズンが終わったときに、悔いが残る悲しい結果を招かないためにも、保護者はしっかりと計画と作戦を練り、前受験を上手に生かしてほしいのです。

入試前日の食事・当日のお弁当

灘中をはじめとする関西圏の主たる私立の入試は、「近畿圏統一入試日」となる例年1月中旬の土曜日からスタートします。

年が明け、前受験のシミュレーションを経て、ついに入試本番を迎えるわけですが、この時期、保護者の気がかりは、試験内容はもちろんですが、子どもの健康管理ではないかと思います。

その一番となる食事ですが、いまの保護者は栄養バランスについても熱心に勉強されている人が多く、脳が活性化すると言われている食材を多く採り入れたり、日頃からさまざまに工夫されています。

ただ、入試前夜の食事ですが、これは普段通りの家庭の夕食でかまいません。

試験前ということで、お父さんなどが「今日はいいものを食べに行こう」と声かけ

をすることがありますが、残念ながらこれは必要ありません。豪勢で精のつく料理は子どもにとっても魅力的ですが、普段と異なる特別なことをすると、子どもはその夜、うまく眠れなかったり、勉強を中心とした生活リズムが崩れたりしていろいろと支障が出てきます。

入試前夜は普段通りの食事をして、普段通り猛勉強をして、睡眠をとる。いつもと同じスケジュールで生活させてください（入試当日の朝が早い場合は、少し早めに寝るのがいいと思います）。

次に、入試当日のお弁当ですが、ボリュームがありすぎるお弁当は避けていただいたほうがいいかもしれません。量は腹八分目くらいに抑え、そこそこのおかずがあれば十分です。

入試のときのお弁当というのは、「子どもが今日1日頑張るから、せめてお昼ごはんぐらいはしっかりと」という親の思いが表れるものですが、昼食時にお腹がいっぱいに膨れてしまうと、子どもの頭の回転は鈍くなります。

また、決められた昼食時間のギリギリまで食べていて、試験問題を配り始めるときに、お弁当箱を片づけるという子どももいます。一方で早めに食事を終えて気持ちを

整え、試験に備えている子どももいます。食後の試験をコンディションよく受けられるのは、おそらく後者だと思います。なお、灘中入試は2日ともお昼ごはんまでに終わりますが、1日目はそのあとにすぐ塾内で2日目に備えての特訓がありますし、2日目は奈良の西大和学園中の午後入試を受験しに行く子どもが多く、同じことが言えます。

なかには、入試のときにいつも以上に量を食べ、いつも以上によく喋るという子どももいますが、これは本人が少しハイになっている状態です。試験中もちょっとしたミスが出たり、試験を受けているあいだの記憶が飛んでいることもあります。入試本番の子どもたちというのは、いろいろなことがいつもと違うのです。

子どもは、お弁当においしいものがいっぱい入っていたらうれしくて、満腹になるまで食べてしまいます。食事のあともまだ試験が続くことを意識して、腹八分目のお弁当づくりをしていただければと思います。

そして無事に試験を終えて帰宅したら、晩ごはんは子どもへの労いとしてちょっとサービスしてあげてください。

コラム

合格発表は誰と？

中学生・高校生であれば、自分が合格ラインのボーダー上にいたら友だちとは行かずに、そっと一人で合格発表を見に行くでしょう。もしくは、親に見に行ってもらうなど、いろいろな方法があると思います。

ところが、11〜12歳の子どもというのは、中学生・高校生や大人であれば誰もが想像する「自分が不合格だったとき」ということに、まだ思いが至らない子どももたくさんいます。

小学生はいくらでもプラス思考でいるので、合格発表の会場でふたを開けた瞬間に、「自分の番号がない」となれば、大混乱に陥ってしまうのです。

塾で日々接している私から見ると、彼らは空気や自分の置かれている状況が、まったく読めないわけでもないと思うのですが、そこが小6生の不思議なところです。

その小6生の子ども特有のメンタリティを前提に、実は浜学園では「合格発表」も予行練習しています。倍率を3〜4倍くらいに設定し、灘中オープンや模試の1週間後に、模擬的な合格発表をするのです。

発表は塾内で行いますが、その日は、みな自分の受験票を持って結果を確認します。

通塾している子どもたちは「一緒に見に行こう」と友だちを誘ったり、一人で教室から行ったり、あるいは外部からその合格発表のためだけに浜学園にやってきたりします。

そして、合格発表を見ると、子どもたちは互いに会話に詰まります。

通塾生であっても合格の子どももいれば、不合格の子どももいるわけです。でも、そのときの空気も含めて、「合格発表というのは、こういうことも起こるんだな」という大事な経験になるのです。

この模擬的な合格発表は、現在年3回行っていますが、春先の第1回はみんな「ワーワー」とはしゃいでいます。そのなかで、スーッといなくなる子どもが何人かいるという感じです。

それが回を重ねることで、明らかに合格発表の雰囲気が変わってきます。

1回目で不合格だった子どもが2回目に合格すると、自分が一度落ちた経験をしているため、不合格者の気持ちがわかってきます。3回目にもなると、それぞれが自然と周囲を慮るようになり、声ひとつあがらない。みんな番号だけを見てさっと帰ります。

合格発表の予行練習を通して、子どもたちなりに成長していくのです。

とは言え、彼らにとっても本命の合格発表は一度きりのこと。

「合格発表は誰と見るか」は、とても重要なテーマです。

これは家庭の事情によってもさまざまですが、私は、友人などを誘わずに「親と一緒

に行く」のがベターだと思っています。

最近は、両親のどちらかがこっそり先に会場に行って合否を確認し、それを子どもに伝える。あるいは「合格」の場合は、子どもには伝えずに、あとから本人に会場で喜びを直接体験させる。これが一番多いケースだと思います。

合格発表を本人が一人で見るか、親と一緒に見るかは、各家庭の考え方次第です。

ただ、子どもが「友だちと行きたい」と言いだしたときには、絶対に子どもたちだけでは行かせないこと。

学校や塾でずっと一緒に頑張ってきた友だち同士で、合格発表を見るのもひとつの思い出です。日々接している私は、彼らがそれを望む気持ちがとてもよくわかります。

ただ、子どもたちはまだ小学生。落ちたほうも「大丈夫やで」と虚勢を張るわけにもいかないし、お互い相手にどう声をかけたらいいのかもわかりません。小6というのはまだその感情を周囲にうまく合わせられる年齢ではないのです。

ましてや、中学受験には、「番狂わせ」という過酷な一面があります。

これは実力が結果に直結しやすい高校受験や大学受験にはあまりない現象で、中学受験生に特有です。「受かって当然」と思われた子どもが不合格になり、「まさか!」という子どもが合格することは多々あります。保護者は、この中学受験特有の「番狂わせ」を念頭に置いて、合格発表に臨んでほしいと思うのです。

なぜなら、小6生の子どもはそんなことを考えもしないからです。

彼らは番狂わせなど想像もせず、平気で友だちと一緒に合格発表を見に行きます。あるいは、会場近くで友だちを見かけたら、その子のお母さんもいるところにバーッと駆け寄ってしまう。ところが、いざ一緒に掲示板に向かうと、自分の番号はない。

その瞬間、小学生なりに気詰まりな思いを覚えます。隣で合格した友だちがワーッと喜んでいて「お前はどうやねん?」と尋ねてきても、答えようがありません。本人にしたら、ビックリを超える衝撃ですから、言葉も出ない。そのまま校門前に座り込み、なかには、その状態のまま何時間も座っている子どももいます。

決して大げさではなく、中学入試では珍しくない光景です。合格発表の会場では、こういうようなことが毎年たくさん起こるのです。

彼らが発達途中の11~12歳の子どもだということを、保護者の方々は忘れずに、合格発表のその日まで見守ってほしいと思うのです。

終章

合格があれば、不合格もある

全員合格することはありえない

合格があれば、不合格もある。

それが中学受験の厳しさでもあり、現実です。私は毎年、受験生全員の合格を信じていますが、なかなかうまくいきません。

特に、最難関中の場合、受験生はみなハイレベルな子どもたちです。しかし、秀でた学力を持っている彼らでも、倍率が2倍から3倍の受験者がいる限り、全員合格することはありません。

不合格という結果は、本人はもちろん、親にとってもショックです。

しかし、親は子どもの将来のことを考えて、中学受験というひとつの目標をつくり、親子でいろんな時期を乗り越えて、入試本番までしっかり頑張らせたわけです。

私は、それが一番大事なことだと思います。

ところが、わが子の不合格という結果を、いつまでも悲しんでいるお母さんのなかには「なんで受験をさせたのか」「不合格になってかわいそう」「子どもは自分の好きなことも我慢して頑張ってきたのに」「親として申し訳ない」……こんな言葉が渦巻いているように思います。

もちろん心情はわかりますが、これは長く親子で努力してきたことを、すべて否定する発想です。

本人は言葉にできないと思いますが、合格発表のあとも悲しみ続けているお母さんを間近で見ている子どもの本音は「たまったもんやない」ではないかと思います。

子どもは、暑い夏の日も朝から晩まで勉強して、寒い冬の日も「勉強は〝朝型〟が大事」と親に叩き起こされて毎日計算練習をしてきました。学校に行って、塾に行って、テストを受けて、自宅でも復習して、緊張する入試まで頑張り通しました。それなのに、「不合格」の悲しみまで味わったうえに、母親は「私のリードが悪かった」とずっとふさぎ込んでいるのです。

泣きたいのは、親でしょうか？　子どもでしょうか？

中学受験にチャレンジするという目標も、これまで親子で積み上げてきたことも、

やってきたこと自体は間違いではありません。

ただ、一度きりの勝負である入試では、合格、不合格は必ず出てしまうわけです。

不合格は試験の結果であって、親子がやってきたことの結果ではないのです。

不合格の悲しみのあとで子どもと向き合うときは、「ひとつの目標に向かって努力してきた」という事実を否定してはいけません。

そして、これまでやってきたことは、次につながる。

その希望を子どもに伝えてほしいのです。

もしも逆に、子どもがふさぎ込んでいたら、そのときは親が「あなたには実力がある。あの難しい模試で上位をとったこともあったじゃない」とか「あなたの点がよかったときに不合格の判定をとった子もいる。それが本番で入れ替わってしまったのは悔しいとは思うけれど、これで終わりじゃない。次がある」と励ましてあげてほしい。

不合格という結果は残念ですが、人生の明暗が分かれるということのつらさや怖さみたいなものを、中学受験の合否という形で勉強しただけでも有意義ですし、親子が積み上げてきた努力そのものは素晴らしいことなのです。

それは、合格したことと、同じくらいの価値があると私は思います。

そして「これまでも努力してきたけれど、まだできることもあるだろうから、今回の失敗を糧にして次のステップに進もう」と、親子でこういう会話をしてもらえたらいいと思います。

もちろん、子どもが第一志望校に合格できるようにまわりは最大限サポートし、受験生本人が死にものぐるいで頑張って合格を勝ちとることができれば言うことはありませんが、入試ですので100%はありません。だからこそ、努力したことの素晴らしさや未来への希望といったことを、親がしっかりと意識していることが大事なのです。

小学生に「挫折」はない

中学受験後の子どもの進路はさまざまです。

無事に本命校に入学する子どももいれば、第二志望の併願校に進む子どももいます し、ちょっと不本意な滑り止め校に入学することになったり、あるいは私立をあきらめて公立中学校に進学する子どももいます。

親子にとっては、本命の志望校に入学するのが理想的ですが、それ以外の学校に進学することになった場合、「中学受験の結果を引きずるのではないか」とか「希望と違う中学できちんとやっていけるのか」など、親としては心配するものだと思います。

子どものその後というのは、周囲のサポートの仕方で全然違ってきます。

受験の結果は結果として受け入れ、多少は反省するところがあるとしても、中学受験を通して子どもが頑張ってきたことを両親や周囲の人々が評価をしたら、たとえ結

果が悪かったとしても、小学生が人生に挫折するほどのところまでは行きません。

しかし、親や周囲がサポートの方法を誤り、子どもを追い込んでいってしまえば、大きな挫折となる危険性はあります。

なかには、これまでの反動で、中学に進学したあとに極端な勉強嫌いになってしまうケースもあります。こうなると、なんのために子どもに、小学生時代の何年もかけて勉強習慣を身につけさせたのか、入試という厳しい経験をさせたのか、わからなくなってしまいます。

中学受験後、どのような進路になったにせよ、大事なのはこれまで積み上げてきた子どもの努力を無駄にしないこと。本人がその先の人生でもそれをきちんと生かしていけるようにサポートすることです。

そのためには、小6生の入試本番に挑戦するまでは、「頑張れ」という激励や時に叱咤があってもいいのですが、その結果が不本意だった場合には、保護者をはじめ、塾の講師や周囲の人々の力で、子どもが「本当によくやった」ということを、本人に納得させなければいけません。

そこは、時間をかけてあげてください。

これまでに子ども本人がしてきた努力を考えたら、労いとケアの時間はたっぷりととってあげるべきです。適切なケアができれば、子どもが道を外れたり、ゆがんだりするようなことにはならないと思います。

子どもに対して一番してはいけないのが、中学受験後に時間も置かず、次の高校受験の話をしたり、塾を押しつけたりすることです。

まだ傷も癒えず、受験の疲れも残っているときにこれをやられたら、子どもはしんどいです。

4月になれば、子どもたちは新しい学校で、新しい友だちとも出会います。これまでの長い塾生活も終了し、中学生として一歩を踏みだします。環境が変わることで、彼らの気分も自ずと変化していきます。小6生の終わりから、中学生活がうまく滑りだすまでは、子どもをゆったりと温かく見守ってあげてください。

中学受験を通して、子どもは必ず何かを得ている

中学受験は、子どもにとってひとつの訓練の場とも言えます。その最後に待っているのが入学試験です。結果として合格・不合格はつきまといますし、みな合格を目指して頑張りますが、受験生全員の願いが100%かなうことはまずありません。

ですが、それまでの準備も、そこに至る過程も、出た結果への対応も、その後のことも考えると、中学受験は「成長の場」だと私は思うのです。

浜学園を卒塾した後に、京大生や阪大生となったOBたちが、いまもときどき浜学園の試験監督としてサポートしてくれることがあります。そのなかには、かつて本命の灘中に入学した子どもも、灘中が不合格でほかの中学に進学した子どももいますが、彼らはみな「中学入試のことだけはいまも鮮明に覚えている」と言います。

念願の大学に合格したときの喜びは大きく、その合格を得るために、彼らが大学受

験に注いだ努力も勉強の質も格別なものがあると私は思いますが、彼らは「中学入試は無心で頑張れた」と口をそろえるのです。

合格発表の日に、笑顔だった子どもも泣き顔だった子どもも、すごくいい思い出として記憶に残っているということは、中学受験が彼らの人生経験の一部として、いまも生かされ続けているということなのだと思います。そういう子どもたちが難関大学の学生として、自分の「学びの器」をさらに磨き続けているのです。

塾はもちろん、保護者をはじめ、子どもたちの周囲がしっかりと対応したら、中学受験を経ることで、100%に近い高確率で子どもたちはみな成長すると思います。それは、入試本番までの時間のなかで、子どもたち一人一人がそれまで想像したこともなかったような考え方を発見したり、悩んだり、感じたり、苦しんだり、喜んだりして自分で考えることを積み上げた結果なのだと思います。

小6生の1年間だけをとっても、子どもたちの成長には驚かされることばかりですが、その一例が算数の難問です。

なかには、私たち講師も驚くほど最短で正答を得る子どもが現れますが、彼らは問題をこなすうちに、勉強という感覚を超えていったのだと思います。やらされている

勉強ではなく、自分が難問と格闘しながら必死になって考えているうちに、だんだんと、最短で答えを導きだす能力が磨かれていったのだと思うのです。

図形の問題を解くのに必要な補助線を見つけることも巧みになり、「対角線を引っ張る」「直角をつくる」といったポピュラーな方法以外にも、どんどんオリジナルなアイデアが出てきます。うまくいかないときも多々あるのですが、彼らは小6生にして自らトライすることを覚え、そして必死にもがいているのです。

最も大切なのはその部分です。自らトライしてもがく。それを勉強と言います。トライしていくことによって、誰からも教えてもらっていないのに自分の力でその問題がわかる。こういうことができだしたら勉強は必ず面白くなるのです。そして勉強の仕方を会得すると、プラスアルファの特典というのはたくさん出てきます。

しかし、ほとんどの子どもは、先生に教えてもらった解法を見よう見まねでやっています。すると、あるところでどうしても、「待ちの状態」になってしまうのです。

そこで勇気を出して、自分なりにいろいろな補助線を考えたり描いたりして挑戦してみると、最後まで算数で伸び悩んでいた子どもが、急に難問を解けるレベルに成長することもあります。何かのきっかけで積極的な学習方法を自分で身につけて、そう

いうふうに変わる子どももたくさんいるのです。

中学受験をしたと言うと、「灘中に合格するなんて大変だったでしょう。お母さんに勉強しなさい、勉強しなさいって言われたんじゃない？」と、周囲から見当違いな言葉をかけられることもあるようですが、実は当の本人は、まわりが想像するよりもずっと楽しく勉強していたりもするのです。

中学受験を通して、子どもたちは必ず何かを得ています。

なかには、それが不合格という結果だった子どももいます。

しかし、中学受験がすべてではありません。

合格した子どもも、不合格だった子どもも、この先には、高校や大学、そして社会人へとまだまだ道は続くのです。

子どもは「経験」することによって成長します。

その子どもの経験をよりよいものにしようと思ったら、親はシミュレーションを丁寧にすることです。そして、何事も子ども本人に悔いが残らないようにさせてあげることです。中学受験を子どもたちにとっての大きな成長の場にしてあげてほしいと願います。

おわりに

この原稿を執筆している現在、新型コロナウイルス感染症の影響が、我々の生活の多方面に出ています。

それは、中学受験に挑まれている読者のみなさまも同様のはずです。

何より、子どもたちの学習環境を守っていくことに、かなり苦労されているのではないかと思っています。

こうした状況のなかでも、本書が、家庭学習に効率よく取り組み、悔いなく受験勉強に没頭できる一助になれば幸いです。

子どもたちが、学校や塾に通うことができない――。

このような状況下にあっても、浜学園は子どもたちにできる限り勉強のサポートをするために、環境を整えています。

そのひとつが「浜学園Ｗｅｂスクール」システムという動画配信によるＷｅｂ授業です。「浜学園の通塾スタイルを家庭で再現」を合言葉に、業界最高水準の映像で実際の授業内容をそのまま配信しています。子どもたちは臨場感あふれるなかで、モチベーションを維持しながら学力アップに励むことができます。

このＷｅｂ授業は、当然、非常時だけではなく、さまざまな理由により浜学園に通塾できない子どもたちにとっても強い味方になります。情報技術が発達した現代においては、従来とは異なる形の授業も増えていき、いろいろな方法で中学受験に挑戦し成果を残す親子が出てくるはずです。

Ｗｅｂ授業でも、浜学園のスタイルは変わりません。本書で述べたように、すべての授業に「復習テスト」を用意し、「わかる」「できる」だけではなく、

「正解する」という勉強姿勢を徹底して指導しています。

テストは、そのときの理解度を判断する健康診断的な役割以上に、家庭学習においては、テストという殻を借りて、子どもに自然と集中して問題を考えさせ、学力を定着させる効果があります。

保護者のみなさまは、家庭学習をどのように行うことで学力が効率的に高まるかを、日々考え、悩まれていることと思います。

本書のなかでもいくつかポイントや方法は述べてきましたが、最後に、私が昨年、浜学園の60周年記念イベントとして実施した、子ども向けの「算数勉強方法説明会」（小2生〜小5生が対象）の5つのチェックシートを紹介します。

1 勉強姿勢の基本チェック（282ページに掲載）

2 計算練習のし方チェック（283ページに掲載）

3 1週間の家庭学習スケジュールチェック（284ページに掲載）

4 課題のやり方チェック（285ページに掲載）

5 公開学力テスト対策のし方チェック（286ページに掲載）

それぞれ10項目のポイントが書いてあります。

保護者のみなさまは、子どもと一緒に現時点の家庭学習にあてはまるものに○をつけてください（浜学園特有の項目もありますが、それはおのおのの環境や状況に宜時置き換え、考えてください）。

評価としては、○の数が「10個＝すばらしい」「9～7個＝よい」「6～4個＝ふつう」「3～1個＝もうすこし」「0個＝がんばろう」としています。

説明会では、今後は、「すべてに○がつくように取り組んでいこう」と子どもたちに伝えました。

そして、この取り組みのカギとなるのは、やはり保護者の方々です。

こうした家庭学習の意識づけが、子どもたちにとって貴重な伝達ルートである保護者から、どのように「伝わるか」が非常に大事になります。

やはり、ほとんどの項目が小学生にとっては高度な「勉強姿勢」となります。

最後に、繰り返しとなりますが、必ず意識してもらいたいのは、子どもに「注意」ではなく、「アドバイス」として伝えてほしいのです。

「注意」は、子どもが1回で言うことを聞いてくれないといけません。「注意」で取り組ませようとするのは難しいでしょう。

一方、「アドバイス」は、10回言ってみて、1回でも反応して少しでも実行してくれたら大成功という姿勢です。子どもの自主性を育む意識を常に持ちながら「学びの器」をつくっていただきたいと思います。

灘中や最難関中に合格する子どもが、こうした周囲の大人からの「アドバイス」の繰り返しによって、楽しい勉強と苦しい勉強の天秤をつり合わせ、必要な学力と「学力以外の能力」をつけていくのは間違いありません。

2020年4月　進学教室 浜学園 学園長　橋本憲一

1 勉強姿勢の基本チェック

以下《いか》の①～⑩の中で、自分の勉強姿勢《しせい》にあてはまるものを選《えら》んで、(　　　)の中に○をつけなさい。

① (　　　) 浜学園《はまがくえん》の授業中《じゅぎょうちゅう》は集中して勉強できている。

② (　　　) 小学校の授業中《じゅぎょうちゅう》は集中して勉強できている。

③ (　　　) 家のつくえでいねむりせずに勉強できている。

④ (　　　) マンガを見たり、ゲームしたりしながら勉強をしたことはない。

⑤ (　　　) 問題がわからないときでもだらだら勉強をしたことはない。

⑥ (　　　) 勉強のことで言いわけしたことはない。

⑦ (　　　) 勉強のことで両親の言うことに逆《さか》らったことはない。

⑧ (　　　) 勉強のことで自分が決めたことは必《かなら》ず守っている。

⑨ (　　　) 目標《もくひょう》を高く持って勉強をしている。

⑩ (　　　) 勉強をしているからといって、特別意識《とくべついしき》は持っていない。

	○のこ数
自分のチェックポイント	こ

→ 評価《ひょうか》(1つを○でかこむ)

すばらしい
よ　い
ふつう
もうすこし
がんばろう

2 計算練習のし方チェック

以下《いか》の①〜⑩の中で、自分の計算練習のし方にあてはまるものを選《えら》んで、(　　　)の中に○をつけなさい。

① (　　　) 毎日、計算練習をしている。

② (　　　) 毎朝、計算練習をしている。

③ (　　　) 時間を計って計算練習をしている。

④ (　　　) 問題数を多くして、きびしい時間を計って計算練習をしている。

⑤ (　　　) 家での計算練習は、テスト中とよくにている。

⑥ (　　　) 家での計算練習は、手にあせにぎって必死《ひっし》にしている。

⑦ (　　　) 家での計算練習で、必《かなら》ず計算用紙を使っている。

⑧ (　　　) 家での計算練習で、検算《けんざん》・見直しを必《かなら》ずしている。

⑨ (　　　) 問題番号に、／, ○の印をして見直す問題を決めている。

⑩ (　　　) 家での計算練習が終わったら、すぐに丸つけ・直しをしている。

	○のこ数
自分のチェックポイント	こ

→ 評価《ひょうか》(1つを○でかこむ)

すばらしい
よ　い
ふつう
もうすこし
がんばろう

3 1週間の家庭学習スケジュールチェック

以下《いか》の①～⑩の中で、自分の１週間の家庭学習スケジュールにあてはまるものを選《えら》んで、(　　)の中に○をつけなさい。

① (　　) １週間の家庭学習スケジュール表を作って勉強している。

② (　　) １週間の家庭学習スケジュール表をしっかり守って勉強している。

③ (　　) 朝早く起きて、たとえ１０分でも集中して勉強している。

④ (　　) 学校でつかれたときでも、決めた家庭学習時間は必死《ひっし》にがんばっている。

⑤ (　　) なるべく先に家庭学習をすませ、しっかりすいみんをとっている。

⑥ (　　) 浜学園《はまがくえん》で習ったことは少しでもその日のうちに復習《ふくしゅう》している。

⑦ (　　) 浜学園《はまがくえん》の学習計画表のはんいを１週間でこなしている。

⑧ (　　) 浜《はま》ノートの上にページ数，問題番号，時間をかいてしている。

⑨ (　　) 浜学園《はまがくえん》の復習《ふくしゅう》テスト前にまちがった問題をやり直している。

⑩ (　　) 浜学園《はまがくえん》の公開学力テスト前に過去《かこ》の問題をやり直している。

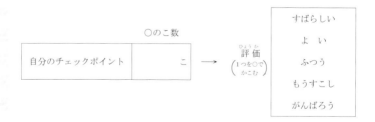

	○のこ数
自分のチェックポイント	こ

→ 評価《ひょうか》(1つを○でかこむ)

すばらしい
よ　い
ふつう
もうすこし
がんばろう

4　課題のやり方チェック

以下《いか》の①～⑩の中で、自分の課題のやり方にあてはまるものを選《えら》んで、（　　　）の中に○をつけなさい。

①　（　　　）　まず、浜学園《はまがくえん》の授業中《じゅぎょうちゅう》に習ったノートのポイントを見直している。

②　（　　　）　学習計画表の問題に復習《ふくしゅう》テストのように取り組んでいる。

③　（　　　）　ミスを１つもしないように集中して取り組んでいる。

④　（　　　）　計算用紙を使いながら問題に取り組んでいる。

⑤　（　　　）　時計を横において問題に取り組んでいる。

⑥　（　　　）　わからない問題は５分ぐらい考え、チェックして次に進んでいる。

⑦　（　　　）　家庭学習でも不安《ふあん》なところは検算《けんざん》・見直しをしている。

⑧　（　　　）　時間がきたら、丸つけをして、まちがいを２種類《しゅるい》に分けている。

⑨　（　　　）　まちがえた問題のうち、すぐにわかる問題から直しをしている。

⑩　（　　　）　わからない問題はノートや解説《かいせつ》を見て考え、ポイントを書いている。

	○のこ数
自分のチェックポイント	こ

→　評価《ひょうか》（１つを○でかこむ）

すばらしい
よ　い
ふつう
もうすこし
がんばろう

5 公開学力テスト対策のし方チェック

以下《いか》の①～⑩の中で、自分の公開学力テスト対策《たいさく》のし方にあてはまるものを選《えら》んで、（　　）の中に○をつけなさい。

①（　　）家庭学習においてミスがないように注意している。

②（　　）公開学力テスト直前に過去《かこ》の自分のミスパターンを見ている。

③（　　）計算用紙の使い方に注意して、１点，１分を大事にしている。

④（　　）時間配分を考え、検算《けんざん》・見直しのタイミングに注意している。

⑤（　　）弱点単元《たんげん》は、自分のよくわかった問題を公開学力テスト直前に見るようにしている。

⑥（　　）問題選択《せんたく》を考え、難問《なんもん》を後に回している。

⑦（　　）公開学力テスト直前に過去《かこ》の自分の難問《なんもん》のポイントを見ている。

⑧（　　）家庭学習において、ややこしい長い条件《じょうけん》を１回で集中して読んでいる。

⑨（　　）難問《なんもん》は例《れい》や小問を見て考え、条件《じょうけん》整理の練習をしている。

⑩（　　）難問《なんもん》はノートにはっておいて、時間があるときに取り組んでいる。

	○のこ数
自分のチェックポイント	こ

→ 評価《ひょうか》（1つを○でかこむ）

すばらしい
よい
ふつう
もうすこし
がんばろう

ブックデザイン　山之口正和（OKIKATA）
写真　宮家和也
プロデュース　中谷大祐（株式会社アディス）
企画協力　中村千代美（浜学園）
小段恵子（浜学園）
構成　寺田薫
編集　佐藤友美（ヴュー企画）
校正　東京出版サービスセンター

橋本憲一（はしもと・けんいち）
浜学園　学園長

創立1959年以来、関西でトップをいく進学塾として実績を重ねる「進学教室 浜学園」の学園長に2003年春就任。浜学園は兵庫県西宮市に本部を置き、復習主義、テストで学力を伸ばすなど、独特の指導方法を展開。2005年春入試から2020年春入試まで16年連続、灘中合格者数日本一を達成し、特に2019年春、2020年春入試で2年連続灘中合格者数100名突破を達成する。また、2020年春入試で、関西の女子最難関・神戸女学院中の合格者数32年連続日本一を達成し、ほかにも関西圏の最難関校の合格者数日本一を達成するなど、中学受験において圧倒的な実績を上げている。代表的な「合格者数日本一」の実績として、兵庫の甲陽学院中（10年連続）、大阪の大阪星光学院中（3年連続）、四天王寺中（13年連続）、高槻中（13年連続）、京都の洛南高附属中（12年連続）、奈良の東大寺学園中（3年連続）、西大和学園中（11年連続）がある。「塾には何より多くの優秀な講師が必要」というのが持論。担当教科は算数。本書が初の著書。

灘中《なだちゅう》に合格《ごうかく》する子《こ》は学力《がくりょく》のほかに何《なに》を持《も》っているのか

2020年5月27日　第1刷発行

著者　橋本憲一

発行者　千葉 均
編集　村上峻亮
発行所　株式会社ポプラ社
〒102-8519　東京都千代田区麹町4-2-6
電話　03-5877-8109（営業）　03-5877-8112（編集）
一般書事業局ホームページ www.webasta.jp

印刷・製本　中央精版印刷株式会社

N.D.C. 379/287P/19cm　ISBN978-4-591-16665-9

P8008285